這本筆記書
屬於

_____

我們身上
有光
屬於你的引導式筆記

Michelle Obama
蜜雪兒・歐巴馬 著

我們身上有光
屬於你的引導式筆記

目次

小力量	006
不怕害怕	040
源頭	070
後盾	108
孩子們會好好的	150
高尚回應	178
參考資料	214

如果你正拿著這本筆記書，我想我們是英雄所見略同：你也像我一樣，滿懷抱負，每天努力活得更好，更充實。或許每個問題在你看來都十萬火急，或許你對人生胸懷大志，不斷以大膽的計畫驅策自己，不浪費一丁點時間。但也或許你和我一樣對自己很嚴苛，或者你發現自己被無止境地拚命努力弄得身心俱疲。我看到那樣的你。

當你想有所作為，當你想改變世界，心理健康有時確實會成為阻礙，那是因為本該如此。健康的基礎是平衡，平衡的基礎是健康，我們需要悉心加以維護，有時更要對心理健康保持警惕。你的心靈不斷笨手笨腳地抓住扶手，一面思索如何發揮熱情、企圖心和遠大夢想，一面思索如何處理傷痛、局限和恐懼，同時設法使你穩步前進。它有時或許會踩剎車，試圖讓你稍微放慢腳步。

當它察覺有問題時，比如你跑得太快或用難以持久的方式做事，或當你陷入思維障礙或有害的行為模式，它可能發出求救信號，請留意你的感受，注意身心發出的訊號。當你或你認識的人遭遇難題，苦苦掙扎，別怕向外求援，其實許多人都會尋求專業支持以維持心理健康，例如與諮商師或學校輔導老師交談、打求助專線，或諮詢醫療服務機構。請記住，你從不孤單。沒關係，你可以調整腳步、休息一下、大聲說出你的難處。沒關係，你可以把自身的福祉擺在第一位，養成休息和復原的習慣。

至於希望為世界做出貢獻，我覺得把那些巨大的、一不做二不休的目標化整為零，切割成許多小塊，可能也很有用，這樣一來，你比較不會覺得招架不住或精疲力竭，或陷入徒勞無益的感覺。這些都不算挫敗，會造成挫敗的是，只追求「最好」卻無視「夠好」，

而被宏大的目標困住,甚至還沒出發就裹足不前;當問題顯得如此龐大,使得我們放棄一小步一小步前進,放棄去管理還可以控制的部分。別忘了優先處理你能處理的事,即便只是為了保存實力並擴大個人往後的可能性。

> 每當你覺得快要被周圍的事情吞沒時,我建議你試著朝另一個方向前進——從小處著手。尋找可以幫助你梳理思緒的事情,讓它給你些許可以暫時鬆一口氣的滿足感。

當你把重心放在自己能控制的部分,這些往往是看似不重要的日常作為和活動,或你內心的想法,此時會重新獲得我喜歡稱之為「小力量」的東西。對我而言,我最明確的小力量就來自編織,每當我滿腦子想著災難和厄運,無法思考時,每當我覺得怎麼做都不夠,焦躁感開始翻湧、深感無力時,我就會拾起棒針,讓雙手有機會接掌大局,讓棒針碰擊聲靜靜帶領我遠離困境。

在編織時,一件新作品的第一針叫做起針,完成的最後一針叫收針。我發現這兩個動作能使人感到無比滿足,就像某個可管理、可窮盡的事物固定了兩端,在這永遠混亂不定世界,帶給我有始有終的感受。每當你覺得快要被周圍的事情吞沒,我建議你試著朝另一個方向前進——從小處著手,尋找可以幫助你梳理思緒的事情,讓它給你些許可以暫時鬆一口氣的滿足感。那不見得是編織,幾乎任何嗜好或作為,都可以是培養小力量的工具,也許是打網球、散步、蓋鳥舍,或晨起說一句肯定自己的話。

我並非告訴各位,編織(或任何嗜好)是萬靈丹,它不會終結

種族歧視、消滅病毒或戰勝憂鬱，它無法創造公平正義的世界，不能減緩氣候變遷，也不會修補任何一個失靈的大環節。它太微小，力有未逮。它太微小，簡直不痛不癢。這就是我要傳達的部分重點。我逐漸明白，有時當你故意把小事放在大事旁邊，大事會變得比較容易應付。當事事都開始顯得巨大無比，因而令人生畏，彷彿無法克服時，當我想太多、看太多或情緒太過激烈時，我學會選擇從小事入手。

這本筆記書接下來各章節的目的是，協助你找出個人的小力量工具，並顯示可以從小處著手做出成果，可以投注心力於鄰近大目標、大夢想的小事。其實這樣不只可行，更是幫助你克服困難時刻，使腳步站得更穩的關鍵工具。

你最近遇到過什麼讓你覺得焦慮、沮喪或缺乏信心的事？你是否記得當時你在哪裡，正在做什麼，或與誰在一起？

最近有什麼時候，你注意到自己覺得鎮定、穩當或自信？有那種感覺時你正在做什麼？

Moment 1

Moment 2

Moment 3

Moment 4

　　旦我發現生活失去平衡，有事情令我心神不寧，我第一步會先翻找我的工具箱，嘗試不同方法讓自己重回正軌，其中有許多都是小事。有時我最需要的只是出門散散步、做運動出出汗或睡一夜好覺，不然就是打起精神，做像整理床鋪那麼簡單的事，或者只是沖個澡，換一身體面的衣服。有時我需要跟朋友長談，或花時間獨處，寫下自己的思緒。在某些情況下我明白，我只需要不再迴避一直拖延的事，像是做某項計畫或某種互動。有時我發現助人也能受益，哪怕只是做件小事，令某人的一天過得更輕鬆愉快。有很多時候，一次開懷大笑就能令我重新調整心情。

　　正是這些小小的調整幫助我們解開巨大的結，正是這種「只是想這麼做，沒有任何理由」的作法滋養了我們。我發現小勝利也可以累積，一項小成功經常引來另一項成功，一次平衡會創造更多次平衡。有時只靠嘗試一件新事物，完成一件看似微不足道的任務，我們可以逐步帶動自己，走向更遠大的行動和影響。

回頭再看看第 11 頁的清單。有多少次你因為發揮小力量而感到平靜、穩定、自信？當時你那麼做是有心或無意？如果把你在那些時刻做的事想成是工具而非一時心血來潮，試想你對那份清單會不會有不同看法。

_____
_____
_____
_____
_____
_____
_____

你可以怎麼做，以繼續發揮小力量，創造更多這種正面時刻？

_____
_____
_____
_____
_____
_____
_____

某些「小」活動或工作可以使人沉浸其中,把情緒穩定下來。有些則可能是更多壓力和挫折的來源,並且同樣的活動可能帶給不同的人不同的感受。我喜歡編織,可是如果要我先生編織,而不是看書或打高爾夫,他會開始滿頭大汗。

填寫你的「失衡」紀錄和「小力量」工具,再比對每種失衡下,哪些工具對你最有幫助。

「失衡」紀錄

「小力量」工具

" 沒關係,
你可以
調整腳步,
休息一下,
大聲說出你的難處。

沒關係，
你可以把自身的福祉
擺在第一位，
養成
休息和復原的習慣。"

當你覺得心緒不寧、失去平衡時，會如何在你的生活中體現出來？

回想你最近完成的手作成品，或是動手做的事情。你做的是什麼？
可以把你做的事物畫在下面嗎？

❝ 我透過編織了解到（如同透過生活中其他許多事），要獲得更大的答案，唯一方法就是一次織一小針。一針一針地織，直到織完一整排。然後你往上織第二排，接著往上織第三排，再往上織第四排。最後靠著努力和耐心，你開始隱約看出圖案本身。

「你看見某種答案,
那正是你所期盼的,
一個新安排
在你手中現出雛形。」

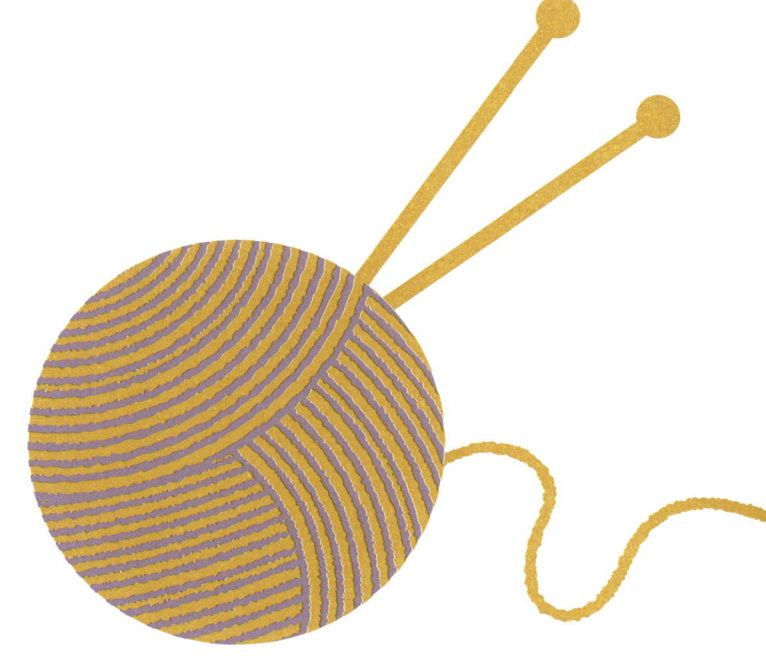

你是否有過那種感受，就是在努力追求某個目標時，即使那是你熱愛的極想達成的目標，心理健康卻受到負面影響？請回想那種經驗。

請回想一些改變你日常生活的小事，無論是正面或負面，請列舉於下。

_____
_____
_____
_____
_____
_____

在以上列舉的事項中，假設你的心理狀態比當時實際情況更正面或平靜，你會不會準備得更好，或有不同的反應？如果是，會有什麼差別？

_____
_____
_____
_____
_____
_____

日子可能很辛苦又不那麼辛苦；挑戰可能看起來十分艱鉅，過一會兒也許變得可以克服，兩小時後又令人難以招架。事情不僅取決於你的情況，也取決於你的心情、態度和立場，一切都可能在轉瞬間改變。我們會受最微不足道的因素鼓舞或擊垮：陽光是否燦爛，我的頭髮看起來怎樣，我睡得好不好、吃得好不好，是否有人會費心向我們投來善意的目光。我們也許會也許不會大聲承認把許多人擊潰的其他各種力量，那些受到歷代體制壓迫而形成的社會條件，它們當然都存在著。

> …早晨以後可能發生很多事，使你備感挫折，無能為力，或原定計畫被打破，不過要是從頭開始就針對那些力量為自己打氣，你保持彈性的機率便會增加。

在每天一開始，往往是我們可以決定要如何去迎接這些挑戰的時機。早晨以後可能發生很多事，使你備感挫折，無能為力，或原定計畫被打破，不過要是從頭開始就針對那些力量為自己打氣，你保持彈性的機率便會增加。只是我們很容易一早起來，抱著批評的想法展開這一天。鏡子可能是個可怕的地方，許多人很難輕鬆走向它，尤其是一大清早。我們可能本能地以嚴苛的態度評價自己，我們經常吸收針對自己外表的負評，這些訊息讓我們覺得被物化、沒有價值或不被看見。

女性在打扮和品味上，也一直受到比男性更高標準的要求，因此在可以安心出門上班或甚至只是展開新的一天前，她們需要進行更繁複、更昂貴、更費時的準備工作。我個人有許多早晨是打開浴室的燈，看了一眼，然後忙不迭地想趕緊把燈關掉。與自己面對面，我會忍不住開始細數我的缺點，只看到乾燥和浮腫的地方，只認出

我可以也應該更好的部分。我一打量自己，就恨不得趕緊離自己遠一點。我的一天從分裂開始，一半是批評者，另外一半是小丑；這邊傷人，那邊受傷。那樣的感覺糟透了，很難擺脫。那就是我想在這裡談的，以善意展開一天的可能性。

　　我是從好友朗恩身上，學到這個小力量工具。朗恩每天早上起來，會對著浴室鏡子裡的自己微笑，然後熱情地跟自己打招呼：「早啊，兄弟！」從不例外。我猜想，好友朗恩也和其他人一樣，在鏡子前經常顯得疲憊而浮腫，他肯定也有許多需要受檢驗和挑剔的缺陷。但他首先看到的、他選擇認出的，是一個完整的人，是他真的很樂意見到的人。

　　朗恩不同於許多人的是，他已領悟到，厭惡自己不是開啟新的一天的好起點。仔細想想，他那句表達同理與認可的簡單訊息，正是很多人拚命想從別人身上（像是父母、老師、上司、愛人等人）索取的東西，卻因為終究不可得而傷心欲絕。

　　對我來說，「早啊，兄弟！」這句話的妙處，在於它並不是特別費勁。它算不上鼓舞士氣的精神喊話，不需要激情或口才，也不需要相信即將展開的一天會璀璨輝煌、充滿新機會和正向成長，它只是一句親切的問候──以溫暖的語氣說出幾個字。因此，或許我們更多人可以嘗試這麼做。

我們許多人很難接受鏡子中的自己,尤其是一大清早的時候。我們對要符合打扮和品味的高標準感到壓力,特別是女性通常必須做到,我也不例外。但我最近一直在嘗試,早上起床後,用心給自己一個善意的開始。我讓自己轉念,給自己更溫柔、更刻意的想法,那經常只是對我能夠再次重新開啟新的一天,表達安靜而感恩的謝意。

請把早上在鏡中看到的畫下來,再寫些肯定自己和善待自己的話語,好幫助你在正確的基調上展開每一天。

> 我們許多人一輩子都在留意周圍的挑剔面孔，感覺被批判轟炸，問自己到底哪裡做錯了，然後以有害的方式將答案埋進心底，一輩子不忘。我們常常將批判的目光直接轉向自己身上，甚至還來不及看見自己做對了什麼，就用做錯了什麼來懲罰自己。

既然你已準備好在早晨給自己一些善意的開始，我邀請你來挑戰一下，在未來五天，每天早上運用一句自我肯定的話，然後回到這裡回顧你這幾天的體會和反思。

在上述的挑戰活動中,你每天一早起來就對自己說好話而不是批評,感覺如何?在一天的開始快樂地向自己問好,會如何改變你的一天?

> 對我來說,「早啊,兄弟!」這句話的妙處,在於它並不是特別費勁。它算不上鼓舞士氣的精神喊話,不需要激情或口才,也不需要相信即將展開的一天會璀璨輝煌、充滿新機會和正向成長,它只是一句親切的問候——以溫暖的語氣說出幾個字。

你一直在練習善意問候自己的小力量,現在我們要把小力量的範圍向外擴大:想一想,然後列出人生中你總是樂於見到或是能帶給你歡樂時刻的幾個人。

你要向誰表達感謝和喜悅，理由是什麼？

我感謝
因為

我感謝
因為

我感謝
因為

我感謝
因為

> 有多少人記得那位見到我們比其他一切都高興的老師、家長、教練或朋友的面孔？研究顯示，當老師花時間站在門口逐一歡迎學生，課堂上的學習參與度會提高 20% 以上，擾亂行為也同時減少。[1]

回想一下，是否有某個人對你展露善意，使你對眼前的日子或環境改觀？請寫封簡短的信給這個人，告訴他，他對你的影響。

習慣追蹤表｜ 現在我邀請你練習運用你的小力量工具箱，在未來一個月裡，記下你採取下列恢復身心健康行動的頻率（也請增加一些你發現自己特有的習慣與工具）：

1	在工作或學業之餘，花時間做手工藝或從事嗜好活動：	○○○○○○○○○○
2	打電話給朋友：	○○○○○○○○○○
3	享受遠離螢幕和電子裝置的時間：	○○○○○○○○○○
4	早上善意地向自己打招呼：	○○○○○○○○○○
5		○○○○○○○○○○
6		○○○○○○○○○○
7		○○○○○○○○○○
8		○○○○○○○○○○
9		○○○○○○○○○○
10		○○○○○○○○○○
11		○○○○○○○○○○
12		○○○○○○○○○○

❝ **這真的是世上最簡單的概念：喜**悅是養分，也是禮物。當有人很高興見到我們，我們的腳步會踏得更穩一點，我們會更容易鎖定內在的平衡，我們帶著那份感受前進。❞

現在你的小力量工具箱已填滿，你也準備好面對並克服人生必不可免的各種壓力與不確定性，因為你知道，從自己很好控制的小事，可以獲得許多滿足和平靜，腳步會站得更穩一些。

　　請記住，這件事的門檻很低。從善意開始不見得需要大張旗鼓，你不必宣告你一天打算做哪些事，不必深入挖掘新的信心泉源，也不必假裝自己所向無敵，這些都不需要大聲說出來，也絕對不需要在鏡子前面完成。你只要用某種方式，試著把內心的批評者擋在門外，把喜悅推到面前，以些許溫暖迎接你的凝視，即使只是隱喻上的凝視，說出某種親切的問候。

　　同樣請記得，小習性幾乎都因為對大目標無關緊要而產生。偶爾你會想要讓自己享受小小的樂趣。

　　這就是小的力量，中介步驟的重要性在此，投入直接在眼前的工作具有抒解作用，由此出發更有可能走到終點。我們藉此方法從太遠大的目標回歸到自己已有的成績，這才是不斷成長之道。

不怕害怕

接下來我需要你善用為了在小力量裡穩固自己而蒐集好的工具箱，因為我們將要處理較困難的東西，那就是恐懼。首先我要說明我對恐懼的定義，我在此描述的多半是抽象的恐懼：害怕出糗、害怕被拒絕、擔心事情出錯或有人受傷。

我有幸在一個還算安全穩定的環境中長大，周圍都是可信任的人；我也知道，這給我一定的基準去體會安全和穩定的感覺——不是每個人都幸運地擁有這樣優勢。當談到恐懼，我對其他人的經歷所見所知的實在太少。好比說，我從來不必在家暴中求生存，我從未親身體驗戰爭。我的人身安全偶爾受到威脅，但幸好從未受到傷害。然而，我是住在美國的黑人，我是生活在父權世界的女性。我也是公眾人物，受到人們的批判與評論，有時甚至成為憤怒與仇恨的目標。我偶爾得跟緊張的情緒搏鬥，偶爾會覺得自己陷入我寧可不必面對的危險。

且看牛津英文字典對「危險」（jeopardy）的定義：有損失、受傷或失敗之虞。我們當中有誰不對這些危險知之甚詳，誰不擔心損失、受害或失敗？我們都在不斷梳理自己的恐懼，試圖分辨真正的緊急情況和編造出來的危險。我在本節提供的工具，多半並非針對實際的緊急情況，而是針對較輕的，沒錯，有時是編造出的危險。但是生活中較輕的懼怕，仍會令人覺得同樣緊急和事態嚴重。（要是你面臨實際緊急事故，很可惜那無法靠一本筆記書解決，我建議你放下本書，打給有工具可協助你的相關單位。）

我相信，我們在害怕時做出的選擇，往往決定了人生中的重大後果。當恐慌剝奪了我們的希望和行動能力，我們就真的陷入大麻煩了，因此我認為我們需要仔細判斷憂慮，並學會處理恐懼。目標

不是完全擺脫恐懼，我這一生見過許多勇者，從平民英雄到瑪雅・安傑盧（Maya Angelou）和尼爾森・曼德拉（Nelson Mandela）這類巨人，遠觀他們似乎是與恐懼絕緣的人。我曾經跟世界級領袖同桌而坐（也同屋而居），他們經常制定既能讓人陷入危險也能挽救生命的高壓決策。我見過能毫無保留在上萬名觀眾面前展現自己的表演者，和為了保護他人權利而願意付出自由和安全的社運人士，以及靠大膽精神使創造力源源不絕的藝術家。我敢說，他們當中沒有任何一個人會說自己無所畏懼。

相反的，我認為他們的共通點，是具備與危險共存的能力，在危險面前能夠維持平衡和清晰思考。他們學會了如何不怕害怕。什麼叫不怕害怕？對我來說，這個觀念簡單易懂。重點在於明智地處理恐懼，找到方法讓緊張情緒引導你而非阻擋你，鎮定地面對人生中不可避免的殭屍和怪物，更理性地克服它們，並信任自己的判斷，明辨什麼有害而什麼無害。當你以這種方式生活，你既不是完全不害怕，也不是事事都恐懼。你相信這兩者之間有中間地帶，學會站在這個地帶行動，神智清醒並保持覺察，但不會躊躇不前。只要有適當的工具，你在這中間地帶甚至會如魚得水。

你最近一次感到害怕是什麼時候?說說當時的情況。

你所描述的那個可怕時刻,你應對得有多成功?當時你因為恐懼,採取或未採取哪些行動?

圈選你的抽象恐懼類型,要是你經常出現這些恐懼,請畫兩個圈。(別擔心圈圈太多!我也不少,因為學習不怕害怕,並不會使恐懼消失,只是使恐懼較容易克服。)

我害怕

尷尬	意外
變老	失敗	批評
改變	否定	不確定性
感情傷害	受辱	失去
寂寞	批判	拒絕

> 恐懼通常是對失序與差異、對闖入意識的某種陌生或嚇人的東西所做的本能反應。恐懼在某些情況下可能十足理性，在某些情況下卻完全不理性。這就是學習過濾恐懼真的很重要的原因。

我是在巴拉克 2007 年競選總統時，對我的恐懼心理有了更加親密的認識，那屬於我內心老愛唱反調的部分，堅信什麼事都不會或不可能有好結果。

　　對我而言，這不確定性達到前所未有的全新高度。畢竟我不是好高騖遠或一飛沖天的人，而是步步為營、一階一階拾級而上的攀爬者。我就像任何一個正常的摩羯座一樣，喜歡在邁出下一步之前先確認自己的方位。然而，在速度飛快的總統大選平流層中，方位很難確認。步調太快、高度太令人暈眩、曝光率太高。

　　我得一遍又一遍叮嚀自己，不要理會我的恐懼心理，我內心的那一部分總是在說：這趟旅程你控制不了，也許你應該下車。因為我很清楚一旦理會它，會發生什麼情況：我的勇氣會消失，信心會破滅。

　　我開始相信，學習不怕害怕的唯一方法，是認識自己的恐懼心理。為什麼？好吧，首先它永遠不會離開你，趕都趕不跑，它基本上扎根在你的心靈深處，會伴隨你登上每一個舞台，走進每一次求職面試，和展開每一段新感情。恐懼心理始終在那裡，也不打算閉嘴。恐懼心理跟你小時候所知的自我保護衝動如出一轍，同樣的本能驅使你在打雷時嚎啕大哭，或被迫坐在商場聖誕老公公的腿上時大喊救命，只不過這些本能現在跟你一樣長大了，變得更世故些。而且鑑於你強迫它走過人生種種不舒服的情況，它也對你很不滿。

　　恐懼心理基本上是你無從選擇的人生伴侶。要知道，它也沒選擇你。因為你很差勁，你是失敗者，你不怎麼聰明，什麼事都做不好。所以說真的，誰會為了任何理由選擇你？

　　聽起來很熟悉？對我來說確實如此。

如今我跟我的恐懼心理已共同生活六十多年，我們相處得並不融洽。她令我不舒服，她喜歡看見我軟弱，她有一大本塞到爆的檔案夾，裡面記錄我犯下的每個過錯和失誤，而且持續上天下地搜尋更多我失敗的證據。無論什麼時候、什麼狀況，她總是討厭我的長相。她不喜歡我寄給同事的電子郵件，也不喜歡我昨夜在晚宴上那番高談闊論，她不敢相信我竟然說出這麼蠢的話。她每天都設法告訴我，我不知道自己在幹什麼。我每天都想辦法回嘴，或至少以更正面的念頭壓倒她，可是她還是不肯走開。

她是我所知的一切之惡。而她也是我。

然而，隨著時間推移，我越來越能接受她的存在。確切地說，我對此並不滿意，但我承認她在我的腦中確實占有一席之地。事實上，我已授予她正式的公民權，純粹因為這樣比較容易為她命名，好更容易搞懂她。相較於假裝她並不存在，或不斷試圖打敗她，我已跟我的恐懼心理彼此熟悉。光這樣就能讓她稍微鬆手，不再那麼鬼鬼祟祟。

每當聽見負面想法和自我批評的聲音在腦中劈啪作響，每當疑慮開始累積，我會試著暫停片刻，坦白面對自己的想法。我經常練習後退一步，以熟悉的態度跟恐懼打招呼，不算太友好地對她聳聳肩，簡單寒暄幾句：

哦，你好，又是你。
謝謝你大駕光臨，謝謝你讓我保持警覺。
不過我看見你了。
我一點兒都不怕你。

恐懼心理常常對你說些什麼？請把每一句分成「理性」或「非理性」。恐懼心理有多常想把你的內在念頭集中在疑慮和害怕上，藉以限制你，而不是放在也許近在眼前的潛力或機會上？

Comment 1

理性／非理性

Comment 2

理性／非理性

Comment 3

理性／非理性

Comment 4

理性／非理性

想一些適合你的咒語,以便重複應用於對付恐懼心理:當你發現某個負面想法是恐懼心理作祟,你可以如何回應?

我對抗懷疑和自我批評最有效的辦法之一，是集中注意力去了解我害怕的事物有哪些具體細節。

　　小時候每當狂風暴雨在潮濕的夏夜席捲芝加哥，我總會嚇得魂飛魄散。父親會把我摟進懷裡，細細解說氣象的原理，他解釋空中的轟鳴聲不過是無害的氣流彼此撞擊的聲音，而且有許多方法可以避免被閃電擊中，例如遠離窗戶和水灘。他從來不叫我克服恐懼，也不會把我的恐懼斥為荒謬而愚蠢，他只是以實在的知識來釐清威脅，並給我確保安全的工具。

請舉出某件你害怕的事，然後做些研究！用示意圖、用畫筆或寫出你從那件事或場景學到什麼。

我害怕：

我現在
知道：

母親的作法與父親不同,她幫助哥哥克雷格和我變得不怕害怕,她的方法是能力,並且以身作則。她把面目猙獰的蜘蛛掃下家門前的台階;鎮定地用噓聲趕走鄰居狂吠的狗;我和克雷格吃早餐時搗蛋,她會從烤麵包機裡拔出著火的果醬吐司。即使穿著晨褸半睡半醒,母親依然是能幹的女神。如今我懂得,恐懼的另一面是能幹。

舉出你人生中的某些人或你仰望的公眾人物，他們的能幹、勇氣或任何其他面對恐懼的方法，曾對你有怎樣的啟發。請說明他們怎樣示範不怕害怕：

....
曾啟發我
因為

....
曾啟發我
因為

....
曾啟發我
因為

....
曾啟發我
因為

有時候我兩位祖父的遺風令我覺得有點受到束縛，也有點惱怒，他們都是驕傲的黑人男性，一輩子辛勤工作，妥善照顧家人，但人生始終受恐懼限制，通常是有形且合理的恐懼，他們的世界因而變得狹小。南區阿公是我的外祖父，他很難信任家人以外的任何人，而且幾乎不可能信任白人，這意味著他對包括醫生和牙醫在內的許多人退避三舍，即便出現肺癌早期徵兆也置之不理。

另一位祖父老爹，出生於吉姆克勞南方（Jim Crow South，譯注：指一八七〇年代到一九六〇年代，對有色人種實行種族隔離的南方州），幼年喪父，後來移居芝加哥，希望改善生活，卻不僅恰好遭遇經濟大蕭條，也看清了存在於南方的種族階級制度在北方同樣根深柢固的現實。他原本夢想進大學，到頭來卻只能成天打零工，洗碗盤、到洗衣店打雜、在保齡球館排球瓶，做些修理、縫補、搬運的工作。

雖然我在成長過程中，只隱約意識到祖父母輩四人，都因為種族歧視付出代價，機會之門對他們關閉，還有他們不願談起的屈辱，但我明白他們別無選擇，只能活在被人強加的限制之內。我也看見那些限制的影響，看到它們深深刻入祖輩的靈魂，塑造了他們的性格。

對許多人來說，這可能是世代相傳的沉重負荷，是很難反抗、很難卸下的枷鎖。

> 我們的傷痛成了恐懼，
> 恐懼成了限制。

大人的逃避等同於小孩子的尖叫。或許你不打算申請升職，不會主動上前對你仰慕的人自我介紹，你不報名參加你覺得有難度的課程，不跟你還不清楚其政治或宗教觀點的人攀談。當你試圖讓自己不要為冒險而憂慮緊張，很可能因此錯失良機。只墨守已知的一切，世界就會變小，你在剝奪自己成長的機會。

找出一件你過去曾迴避的事情：某次困難的對話或機會，想像你當時如果勇敢面對，可能有什麼結果。

想想你自己的家族史。你父母或祖父母是否曾面臨某些情況,使他們有理由害怕,因而限制了他們的世界?儘管他們當時可能覺得害怕,但後來是否曾克服重大的挑戰?他們在那些情況下做的選擇,對你本身的人生和決策是否有影響?

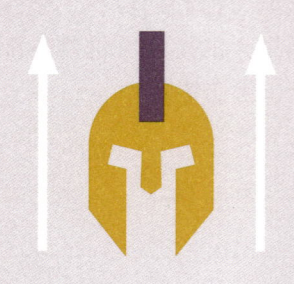

無法迴避的事實是,每當我們接觸陌生事物,每當我們朝新的疆界前進,並因此覺得賭注驟然升高時,緊張情緒幾乎在所難免。試想,誰在開學第一天完全不緊張?誰在新工作上班第一天或第一次約會時,不帶著幾分害怕?誰在走進滿是陌生人的房間,或對重大事件公開表明立場時,不會突然一陣心慌?這些都是生命不時偷偷安插進來的時刻,總是令人特別不自在,但也可能讓人振奮不已。

為什麼?因為我們不知道最初體驗的另一端是什麼,而通往另一端的旅途或許可能改變一生。

不過在學習怎樣不怕害怕,在曾經害怕的事物與經驗的另一面找到你自己時,你有可能進入不熟悉的領域。那裡也許有跟你不一樣的人,也許連一個志同道合的人都沒有,你也可能不懂那裡的規矩和習慣。當你達成個人或家族從不知道或夢想過的成就,面對可能因此產生的種種懼怕和挑戰,你需要截然不同程度的彈性應變與心理準備。

我從很小年紀開始就喜歡成就感，喜歡突破難關和鼓勵自己不要害怕的感覺。我想要過著了不起的人生，儘管我不懂了不起的意涵，也不知道出身芝加哥南區的孩子要如何實現。我只知道我想要訂下崇高的目標，我想要出類拔萃，我想要做打破藩籬、開拓疆界的人。但我也不是一派天真，我很清楚社會對於像我這樣的孩子，始終存在相反的論調，我已能感受到不被期待的壓迫，出身勞工階級社群的黑人女性，社會並不期待我能闖出一番事業或有多大成就。

> 我必須學會在外界擔憂和個人擔憂之間畫分界線，我必須相信自己的直覺，記住初心，避免因自我意識而不懂變通，避免因焦慮或防衛而過於武裝自己。

我這些年的心得是，即使已成功進入主流圈，身為局外人的感覺仍很難拋開。有種緊張感會一直跟著你，宛如濃霧般久久不散。有時你不免納悶：這一切何時才會變得輕鬆一點呢？

想要過了不起的人生，難題在於找出方法來保護夢想和原動力，保持堅強又不過度警戒，保持靈活且願意成長，不吝於讓別人看到真實的你。

我們討論過的許多工具對你會非常有用，再加上一些今後可以練習的新工具，你的工具箱就完整了。我發現，假如想破除障礙，推倒壁壘，就需要找到自己的界線並加以保護，在這過程中，要留意自己的時間、精力、健康和精神。所以請持續回到你的小力量源頭，集中精神，充沛實力，也明白哪些東西在你的控制範圍內。不斷挑戰自己的恐懼心理，在害怕時行動能夠更自如。

你也需要懂得武裝自己。對我來說，做好準備便是我武裝的一

部分,凡是面臨即使有一點像考試的事,我都會事先計畫、排練、做好功課,這有助於我在壓力大的情況下能夠更冷靜地行動,因為我知道無論臨時有何變化,一定會找到解決方法,條理分明和充分準備就能讓我更加踏實與篤定。

不過我也知道,要是對這些事過度擔心、過度武裝,就永遠無法做我自己。我必須學會在外界擔憂和個人擔憂之間畫分界線,我必須相信自己的直覺,記住初心,避免因自我意識而不懂變通,避免因焦慮或防衛而過於武裝自己。我努力保持反應敏捷,時而謹慎時而大膽,來去自如。我信奉的人生哲學是從小在歐幾里得大道(Euclid Avenue,譯注:蜜雪兒小時候住家街道)學到的:做好準備和適應能力要排在恐懼的前面。

思考一下你目前所處的人生位置。你過去曾經必須克服什麼才走到這裡？你是否預期過自己會在這裡？你人生中有沒有人曾經期待你到達這裡？

在你人生的旅程中，有沒有因恐懼而放棄走某條路，無論是自身的、傳承的、或別人加諸你的恐懼？你放棄或未放棄的原因是什麼？

我的武裝由準備、守時和能幹組成,但也包含角色切換、權力衣裝和幽默。保護自我和對抗日常的抽象恐懼有各式各樣的方法,因為我們面對的挑戰也是各有千秋。

你的武裝包括哪些成分?請在下面畫出來或寫出來。

> 一般人很容易批評過去祖先做的選擇，不滿他們做出的妥協，或認為他們需要為未能推動改革負起全責。老一輩人身上的武裝在年輕人眼中往往僵硬又過時，但我們務必要把歷史脈絡納入考量。如今越來越多黑人女性可以自由地把個人審美觀帶到職場，可以頂著辮子頭去上班，或年輕人可以毫無顧忌地展示刺青穿環或染髮，或女性在職場中有集乳室可以安心使用，凡此種種都與許多前輩的努力有很大關係，像是我的律師事務所女性合夥人便是如此。她們必須負重前行來證明自己，好讓後世最終可以稍微不必如此費力。

有哪些先人使你得以享有現在的生活方式？是否有任何前輩曾做出艱難的抉擇或妥協使你的人生更自由，使你受到較少的限制，或比較不害怕？

習慣追蹤表 | 現在我要求各位練習不怕害怕。在未來一個月內，請記下你有多少次運用以下工具克服恐懼，以及處理新的、壓力大或挑戰大的情況（也加上你自己獨特的習慣和工具）。

1	評估某種恐懼是具體或抽象的：	○○○○○○○○○
2	承認某個想法是來自恐懼心態：	○○○○○○○○○
3	運用咒語緩解非理性的恐懼想法：	○○○○○○○○○
4	研究我害怕的事物以便更了解它：	○○○○○○○○○
5	事先做好準備以減少對新環境的憂懼：	○○○○○○○○○
6		○○○○○○○○○
7		○○○○○○○○○
8		○○○○○○○○○
9		○○○○○○○○○
10		○○○○○○○○○
11		○○○○○○○○○
12		○○○○○○○○○

我從過去的經驗知道，挑戰恐懼心態可能帶來更大的機會，而武裝往往是很大的助力，部分武裝也許永遠不可或缺。但我也認為，在許多情況下，帶著太多武裝四處行走、防衛心太強、隨時處於備戰狀態等都十分累人。當你躲在面具後面，甚至可能與真正的自我疏離，當你努力保持無堅不摧的同時，可能錯失打造真正專業關係的機會，而這些關係才能幫助你成長進步，充分發揮你一身的工夫。

　　我們的每個選擇都有代價。重點是，當我們花大量時間擔心自己是否適應、會不會格格不入，假如必須不斷地扭曲、調整、隱藏和保護自己，我們恐怕會失去展現自己最優秀、最真實面向的機會，難以充分表現自我、累積成果和發揮創意。

　　這就是缺乏歸屬感的消磨和挑戰。大多數人寶貴的時間和精力都花費在思索那些界線上，就是主動和僭越之間難以拿捏的分寸。我們必須認真思考本身的資源，還有運用資源的方式，我在會議上發表個人看法安全嗎？是否可以藉由我的不同背景，對某個問題提

出觀點或可能的解決方案？我的創意會被當成以下犯上嗎？我的觀點會被評斷為有失尊重，或無端質疑既有規範嗎？

　　在處理這些問題前，請退一步檢視你既有的成就。或許你已鼓起勇氣進入無人預期會見到你的地方，或許你是學生正走向那裡，或許你仍在猶疑不定。可是不論走到哪一步，你在面對較大的挑戰時，都曾做出許多嚴格的自我檢視，以找出不怕害怕的工具。接下來我們要練習解除武裝的時機和方法。

源頭

你是否曾覺得自己無關緊要？覺得自己活在一個看不見你的世界裡？或是世人只看得到你的一個面向？

　　這世上幾乎每個人都會在某個時間點體會這種感受——那種因為意識到自己不知為什麼與周遭格格不入、意識到自己被視為入侵者而產生如坐針氈的感受。但是對於被視為異類的我們，無論是基於人種、族裔、體型、性別、酷兒身分、身心障礙、神經異常，或其他任何因素與任何組合，這些感覺並非只是時有時無，它可能十分強烈而揮之不去。要與它共存必須花費很多力氣，至少可以說，試圖了解其成因和如何應對，就可能是令人生畏的苦差事。

> 當我們感到足夠安全，可以勇敢展現自我，不會感到羞恥，並找到方法公開談論自己一路走來的經歷，這些都很重要。

　　我們不難推斷，你的不同點是你最顯眼的地方，是人們最先看到並記得最久的部分。這有時完全正確，有時則否，難就難在你無從得知。不管怎樣，除了繼續前進，你別無選擇。可是問題在於，一旦你允許別人的評判走進你的內心，你就會被分散注意力。這是自我意識的特點，你會從自我想像轉移到想像別人怎麼想你，那也可能變成一種自我破壞，因為如今突然間，你也首次看到自己的不同點。你無法專心解黑板上的數學題，反而擔心你看起來怎麼樣；你在課堂上舉手發問，卻同時納悶這一屋子與你不相同的人，他們聽到你的聲音做何感想；你正要去跟老闆開會，卻反覆揣測自己會留下什麼印象，並苦惱裙子的長度和是否該塗口紅。

　　你開始背負標籤的重量，不論那是什麼標籤。你的不同點像旗

幟一樣掛在你身上。

凡此種種造成額外的負擔，額外的分心。對各種情況的必要思考又增添一層，對某些人這也許不當一回事，可是對此刻的你卻很吃力。那感覺幾乎就像世界在你面前悄悄地一分為二：有些人必須多費心，有些人輕鬆以對。

> 我們的個別差異是財富也是工具，不僅實用、合理、有價值，更有必要分享。

比較不明顯的不同點也可能造成同等或更大的心理負擔，可能你的經驗、生活方式或個性有你感覺不得不隱藏的地方，或者至少別再額外增加那些可能讓別人評價你的事物。可是要在交談時繞過那些所耗費的心力，可能使你覺得彷彿多穿上一層武裝。也許你有父母或家人曾坐牢或目前在獄中；也許你從小有學習或語言障礙，你費盡心力才得以克服；也許你在家裡、在朋友面前、在對鄰居講話時，完全不像辦公室同事的說話方式。

如此辛苦又缺乏保障，你不想貿然分享太多個人故事也無可厚非，你內向、謹慎、包著層層武裝也情有可原。你其實只是想集中精神，保持平衡，不要跌倒。

我們面臨的難題是**轉變觀點**，並肯定自己與別人的差異是有價值的，把這視為進步而非退步、挺身而非坐下、多說而非少說的理由，這些並非易事，經常需要大無畏的勇氣，也從來無法保證會得到什麼成效。但凡是有人成功辦到，凡是有人又跨過空中鋼索，我們就會看到更多觀點開始轉變。當我們感到足夠安全，可以勇敢展現自我，不會感到差恥，並找到方法公開談論自己一路走來的經歷，這些都很重要。

我們的個別差異是財富也是工具，不僅實用、合理、有價值，更有必要分享。我們不僅在自己也在周遭的人身上體認到這點，便能開始改寫更多自認不重要的故事。我們開始改變對歸屬感的思維模式，為更多人打造更多空間，一步步減少因缺乏歸屬感而產生的孤單。

　　這一節我要給你一些工具，幫你把可能自認的差異或弱點**轉變**為個人力量的源頭。

　　我周遭有許多聰明又有創意的人，正按部就班地累積實力和名氣，他們當中有不少人已找到方法來駕馭而非隱藏自己與眾不同的特質。這麼做代表我們開始認識到所有使自己獨一無二的矛盾和影響，我們要把差異正常化，我們要揭露人類更多采多姿的面向，我們要幫助每個人更自在地說出自己的故事。不過這一切要從你的內在開始，你要先接納自己的故事，才能站在自信和穩定的立場，以這種立場與他人分享你身上的光。

我從小（現在長大後有時還會）因為長得高，走進每個地方都顯得醒目。等到我上大學，繼而投身專業工作，然後進入政治生涯，我在許多場合都特別顯眼，因為我是女性，我是黑人，甚至經常由於二者兼具而更突出。你自認有哪些突出的地方，或是在你所處的空間和圈子裡與同儕有什麼不同點？

我突出
因為

我突出
因為

我突出
因為

我突出
因為

從以上列舉的不同點中挑出一項,想想它帶給你什麼感覺。當你進入使你意識到這種差異的場景時,心中有什麼念頭?你最早是何時察覺這個差異的存在?

> 自我意識可以奪走你的立足之地，抹去你所知的真實自我。它可以讓你變得笨拙而茫然，搞不清楚我是誰、我在哪裡。那就像世界以不討喜的角度舉起鏡子，讓別人看見你的模糊難辨，看見你不屬於這裡的種種原因。

有沒有一些情況是，其實你的不同點可能是資產——你是否把它們當作資產來用。例如我十幾歲時，我的身高在籃球隊、在為個子小的同學拿高處的東西，或是參加摘蘋果比賽，應該都是優勢。回到前面的不同點清單，想想看有沒有什麼方法，可以把你的不同點當作正面優點，並開始練習怎麼從新的角度重塑這些特質？

小時候我的不同點令我覺得特別難以融入的是，不容易找到一群可以仿效的典範。我很難為我的身高和力氣找到出路，我也許可以加入籃球隊，可是我內心深處本能地排斥打籃球（我抗拒是因為自我厭惡的種子又在作祟）。我不想順應高個子女孩基本上該做的運動，那讓人感覺像是一種妥協。

別忘了，當時年代不同。遠在大小威廉斯（Venus and Serena，譯注：美國網壇天后姊妹）之前，也沒有瑪雅・摩爾（Maya Moore，譯注：美國女子職籃球員），美國女子職籃（WNBA）不存在，也沒有美國女子足球或曲棍球。不只是體育活動，我很少在電視、電影、雜誌或書本上看到像我這樣的人。在電視節目裡，有主見的強勢女性通常只是被消遣的對象，個性囉嗦又刻薄，用來做為男性的陪襯。黑人通常被描繪成罪犯或僕人，幾乎從未以醫生、律師、藝術家、教授或科學家等角色出現。

小時候，我一直在努力追求我看不太到的某種生活，在現實生活中，你很難夢想看不到的東西。當你舉目四望，在廣闊的世界中找不到任何形式的自己，當你掃視地平線，看不到一個與你相像的人，孤獨感油然而生，你感到與自己的希望、計畫和力量並不相配。你會開始懷疑究竟在哪裡或該怎麼做，才能找到自己的歸屬。

想出一位你仰望的人,他同樣具有一項或多項也使你與眾不同的特質,請畫出這個人,或敘述他儘管有這些不同點,卻達成了哪些成就。

要是你跟我一樣,拚命想找像自己的典範卻不可得,請畫出你理想的模範會是什麼樣子(即使那只是你個人可能最成功的樣貌,你的典範就是自己也無妨)。

我的父親因多發性硬化症，導致身形搖搖晃晃和拖著腳步跛行，有時會引得路人佇足盯著他看，他常常聳聳肩笑著對我們說：「如果你自我感覺良好，沒有人能讓你覺得糟糕。」

這是一句極其簡單的格言，對他似乎很管用。父親幾乎對任何事情都可以一笑置之，他很滿意自己，也明白自己的價值，就算肢體不平衡，他的生命並未失去重心。我不知道他是如何到達這種境地，也不知道他一路走來不得不承受哪些課題，但總之他想出辦法好好生活，不受他人評判的影響。

他的這項特質如此鮮明，我保證你從房間的另一端就會注意到。人們因此受他吸引。那種特質呈現出來的是一種自在，不是來自特權或財富的自在，而是出自不同的源頭，那是儘管困苦但自在，儘管不確定但自在，那是由內而發的自在。

那使得他引人注目，而他展現的都是正面形象，這是他力量的源頭。

他決心不執著於痛苦或尷尬，心知那些感受對他沒什麼好處，也明白灑脫與豁達有一定的力量。他明白不公不義始終存在，但拒絕被擊垮，因為他接受很多事都不在他的控制之下。

相反的，他以真實的自我和擁有的東西——愛、族群、冰箱裡的食物、兩個又高又吵的孩子、來串門子的朋友——來衡量自己的價值。他把這些事物視為成功，視為他持續前進的理由。那是他絕非無足輕重的證據。

　　你如何看待自己就代表一切，那是你的基礎，是你改變周遭世界的起點。我是從父親身上學到這些心得，他如何展現自己，幫助我找到我該怎麼表現。

　　無論空間裡傳遞出什麼不歡迎我的信號——人們覺得我格格不入、我不配出現在那裡、或我在某方面很難搞，就算我感應到的信號是人們無意識或無心發出來的——我也不需要往心裡去。我可以有所選擇，我可以讓自己的生活和行動代表最真實的自我，我可以繼續出現，繼續做該做的事。我拒絕吞下毒藥。

花一點時間思考我父親的例子,再寫下根據你真實的自我和擁有的東西,你可以用哪些方式衡量本身的價值。你的基礎是由哪些東西組成的?

> 無論你付出多少努力、無論你有何成就,很可能會有人指責你走了捷徑,或認為你不配獲得成功。他們會固定拿一套詞彙來貼你標籤——平權法案、獎學金小孩、性別比例原則或多元化招聘規定——這些是他們瞧不起人的酸言酸語,背後的意思想也知道是:我認為你不配得到這些待遇。我只能說,*毋須理會,別讓惡毒言語滲透內心。*

我本身的性情不同於父親。我沒有那麼逆來順受，我沒辦法像他那樣能對不公平的事情一笑置之，也不盡然把那當成自己的目標。

在我的回憶錄《成為這樣的我》（*Becoming*）中，我曾寫到高中時的升學顧問在與我面談不到十分鐘內，就輕率地對我的志向嗤之以鼻，建議我別浪費力氣申請普林斯頓大學，因為在她看來，我不是「上普林斯頓的料」。

我很受傷，很憤怒，不僅為她的話，更為她的冷漠和遽下斷語大受打擊。她觀察我，評估我，卻完全沒看見我的光。總之這是我的感覺。從那一刻起，我的人生道路起碼有一部分是受到那句話影響——一句隨口而出的話，來自一個幾乎不了解我的陌生人。

有多少人還在跟幾十年前貶低或輕視我們的人單向對話？有多少人還在默默反駁那些企圖抹煞我們努力追求目標的人？我們一遍又一遍地回想那些時刻，對自己重述那些故事，努力找回自尊心。

那些輕視我們的人，連同所有其他的不利條件，悄悄地活在我們內心的邊陲地帶，因為我們表現傑出、不服輸的回應而萎縮。我們只會記得事情並不如他們所願，只會記得他們給我們必須跨越的障礙。在某種程度上，他們成為我們發光的燃料，也是我們源頭的一部分，可是事實證明，他們唯一的力量就是提醒我們為什麼要堅持到底。

帶上你擁有的，然後往前邁進。你找到你的工具，視需要進行調整，再繼續前進。你明白有許多不利的條件，可是依然堅持下去。

寫下有人質疑你或貶低你以符合他們不公平預期的時刻。當時你感覺如何？這對推動你前進的源頭有何作用？

❝ 我學習到，我可以為我的不同點附上更好的情緒。那有如精神上的抬頭挺胸，幫助我走進新的空間。我可以花點時間想想我在家的圍牆裡、在朋友的庇護下，早已經知道的真正的我。我的認可是由內而發的，而有助於將力量帶進新的空間。為了我自己好，我可以在腦海即時改寫關於無足輕重的故事：

我很高,那很棒。
我是女人,那很棒。
我是黑人;那很棒。
我是我自己;那特別棒。

當你開始改寫關於無足輕重的故事,你就找到了新的重心。"

開始改寫關於你自己無足輕重的故事。你可以說些什麼來肯定自己的價值,找到自己的重心?

我是

....

那很棒

我是

....

那很棒

我是

....

那很棒

我是

....

那很棒

我們怎麼知道,什麼時候是安全的,什麼時機是恰當的,可以大方說出自己的不同點,讓周遭的人明瞭你的不利條件?

我人生中最感到渺小的時刻之一,是在《成為這樣的我》剛出版後那段期間,簽書會出席人數之多令我吃驚,讀者都渴望交流我們彼此的共同點,他們分享自己的故事,個個掏心掏肺。有人知道父母患有多發性硬化症是什麼情況,有人歷經過流產或好友罹癌過世,也有些人知道墜入愛河後,人生被對方扭轉至瘋狂新方向又會是什麼狀況。

我分享內心深處的祕密,照亮一段段無比脆弱或失控的回憶,結果發現同溫層的範圍超乎想像。不過值得一提的是,我進入人生那階段時,是站在有力又安全的位置。白宮已是過去,我不必再擔任先生職位或國家的政治代表。隨著人生經驗的累積,我也整個沉澱下來,我準備分享我的旅程,讓人們得知我是如何走到今天的。

從非常基本的層面來看,經過深思熟慮後再冒險,釋放出藏在內心的某個部分,解除必須隱藏它的義務,也不必為自己的不一樣極力去彌補,你就能感到如釋重負。通常這代表你開始把自己被忽

略的部分融入整體的自我價值概念中。這是更了解自身源頭的方法，然後偶爾向別人透露一點，好讓他們多了解你。

有些人可能會覺得這是非常私密的過程，需要諮商師的引導才能完成，只能分享給最值得信任的親友。有時需要花上好多年，才能遇到合適敞開心扉的時機和條件。許多人真的等候太久才開始嘗試了解自己的故事，或願意把故事說出來。

我們選擇要分享什麼，要揭露自己的哪些面向和揭露時機，不僅關乎個人而已，本質上也相當複雜——牽涉時機、大環境和謹慎判斷，往往需要小心應對。我們需要時刻留意風險，以及誰能接納我們的真面目。沒有單一經驗法則能一體適用。

重要的是，我們要找到方法來爬梳內心深處的故事，思考這些事藏在心中是否對自己有益。

你是否有關於自己的事不願與他人分享？理由是什麼？要是你後來又與人分享，你為什麼做此決定，結果如何？

❝凡是一個人選擇揭露自我故事的不完美，揭露傳統上認為是缺陷的處境或條件，

往往能真正反映
自我沉穩與
力量的源頭。"

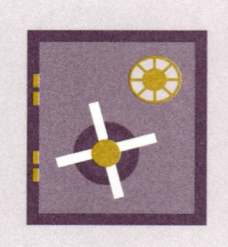

長期擔任我助理的奇娜（Chynna），是 2015 年加入我的白宮東廂工作團隊，在我離開白宮數年後，她要求與我一對一談話，我整個人緊張起來，因為我認定她要提辭呈了。奇娜不僅融入了我的生活，更是我的心腹之交。她的工作性質使我們幾乎形影不離，我們一起乘車，一起搭飛機，飯店也住在相鄰的房間。我們一起走過的路拉近了彼此的距離。

那天見面時，我已做好最壞的打算，可是奇娜告訴我另一件事：她父親坐過牢。不是最近，而是她小時候，二十五年以前。

我聽完之後告訴奇娜，我還以為她提出與我談話是要辭職。

奇娜說：「不是啦，夫人，完全不是。我只是需要對夫人說出那件事。我覺得是該說的時候了。」

然後我們坐下來聊了一下，我倆都發覺「那件事」其實影響很大。她向我吐露，她一輩子都羞於告訴別人自己的父親坐過牢。那天在我辦公室，我再三要奇娜放心，她的過去——她過去的一切——我完完全全可以接納。我很感謝她說出來，老實說，那反而使我更加敬佩她。如今，奇娜告訴我那次對話幫她解開了某個心結，

使她擺脫部分恐懼，也不再覺得自己在專業上不夠格。我們深厚的交情帶來安全感，加上多年來建立的信任感，她選擇讓內在的某部分脫離黑暗，進入光明，這部分的過去總使她自覺十分脆弱，是她的難言之隱。

奇娜隱藏這部分的身世，至少有部分動機是出於她自認是「異類」，但政府的統計數字顯示，美國有超過五百萬兒童的父親或母親曾遭拘留或監禁，所以她可能沒有自己想像的那麼異於常人。

不過這反映的是，許多人誤以為自己是「異類」，也許實則不然。我們守護的祕密可能害自己變得孤單，與人產生隔閡。當我們把脆弱藏起來，就永遠沒有機會知道，還有哪些人同病相憐，還有哪些人可能會懂我們的脆弱，甚至我們隱藏的東西可能幫助彼此。

有沒有哪些地方使你感覺自己屬於「異類」？花點時間研究統計數字，看看在全國或全世界，有多少人其實也受類似情況影響。

研究結果如何？你個人的遭遇有多普遍？

當你更清楚有多少人也有類似經驗時，是否疏離感減輕或比較不想隱藏？你感覺是或不是的原因為何？

> 我們的個人差異就是財富也是工具，不僅實用、合理、有價值，更有必要分享。我們只要在自己與周圍的人身上體認到這點，便能開始改寫更多自認不重要的故事。我們開始改變對於歸屬感的思維模式，為更多人打造更多空間。

一步一步來,我們可以減少因為缺乏歸屬感而造成的孤單。"

分享你的力量源頭，擁抱你的差異。這是很有價值的金玉良言，可是必須先提醒埋在這些訊息背後的不平等，我才能建議你仰賴這句話。讓自己被看見是很辛苦的工作，而且分配又不均等，事實上這當中沒有公平可言。我恰好很熟悉既定形象的重擔，還有對卓越表現設下的雙重標準，這類阻礙使許多人努力想要翻越的山峰更加陡峭。我們對於遭到邊緣化族群的限制太多，對於主流族群的要求太少，這仍然是該譴責的現實。

　　因此請牢記，我說要把障礙視為墊腳石，把脆弱視為優勢，並不是隨便說說，我明白這每一點做起來都不簡單。

　　根據我過去的經驗，風險確實存在，我們仍需努力。不僅如此，許多人感到疲累、謹慎、害怕或悲傷，實屬人之常情，但這絕不代表你的努力不算數，或你的故事不該說出來。

在你的人生中，是否有任何地方使你覺得擔負著不平等的既定形象或卓越的重擔？你有什麼感覺？你如何花時間復原自己？（這時候可不可以仰賴一些小力量的作法？）

" 只要你有所付出，
　就具備了能力，
　沒人可以搶走，

> 這些都是
> 你的工具，
> 永遠可以
> 派上用場。"

習慣追蹤表｜以下表格不是要各位記錄自己的習慣，本節的工具和練習更具有挑戰性，更屬於個人層次，也需要花更多時間，才能實質改變你的人生。這個過程是認識自己的力量源頭，分享差異，並為他人開啟更寬廣的歸屬感途徑，這並非一蹴可幾，也不能等閒視之，需要用心和努力。

1		○○○○○○○○○○
2		○○○○○○○○○○
3		○○○○○○○○○○
4		○○○○○○○○○○
5		○○○○○○○○○○
6		○○○○○○○○○○
7		○○○○○○○○○○
8		○○○○○○○○○○
9		○○○○○○○○○○
10		○○○○○○○○○○

所以請回到前面看看,你列舉的使自己獨特或不同,以及可能使你覺得自己是「異類」的事物清單。把那些填在下面,然後每當你與別人分享若干這些特點或狀況時,就回到本頁塗滿一個圓圈。久而久之我希望這些空格都能填滿,從視覺上就可看出,你把力量源頭對別人開放的那種交流力量。

○○○○○○○○○○○○○○○○○○○○○○○○○

○○○○○○○○○○○○○○○○○○○○○○○○○

○○○○○○○○○○○○○○○○○○○○○○○○○

○○○○○○○○○○○○○○○○○○○○○○○○○

○○○○○○○○○○○○○○○○○○○○○○○○○

○○○○○○○○○○○○○○○○○○○○○○○○○

○○○○○○○○○○○○○○○○○○○○○○○○○

○○○○○○○○○○○○○○○○○○○○○○○○○○

○○○○○○○○○○○○○○○○○○○○○○○○○○

○○○○○○○○○○○○○○○○○○○○○○○○○○

我們彼此該做到的是，找機會盡可能建立各種平台，即使只是在小事上做看似不重要的交流，例如挑食小孩只肯吃的食物或親戚的怪癖，這頂多只能讓我們達到部分目的。這一節並不是要你全盤托出自己所有的祕密，也不意味你得做公開且轟轟烈烈的大事，像是真的出版一本書或錄製 podcast 節目。你不必揭開內心每個痛苦的瘡疤，或說出腦袋裡的每個念頭。

也許有些時候，你只是單純傾聽，也許你會成為別人分享故事的樹洞，覺察善意接納別人真實自我的感受，同時記得當他人勇於誠實分享時，務必維護對方的尊嚴，誠信與溫柔地對待友人和他們分享的故事，保守祕密，拒絕八卦流言。閱讀觀點不同於你的人所寫的書，傾聽從未聽過的言論，尋找以往不曉得的故事。透過這些，你最後可能為自己找到更多空間。

身為人類的痛苦無法消除，不過我相信可以減輕。第一步就是挑戰自己，不再那麼害怕分享，並更願意傾聽——你完整的生命故事將豐富我完整的生命。我看到一小部分的你，你看到一小部分的我。我們無從知道彼此所有的力量源頭，可是彼此熟悉總比較好。

後盾

我們是怎麼轉變成大人、過著實質的成年生活,並擁有實際的成年人關係?似乎,我們大多是在嘗試錯誤中,逐步領悟出該怎麼做。許多人經過歲月洗禮,慢慢理出自己的各種身分角色,從而明白我是誰,我需要什麼才能生存下去。我們經常是依循某些對成年生活應當如何的不精確概念,逐步走向成熟。

我們實踐而學習,學習而實踐。我們犯錯,再重新來過。有很長一段時間,許多事情都是實驗性質,變動不居。我們嘗試不同的生存方式,我們體驗和捨棄不同的生活態度、方法、影響和工具,一直到我們逐漸開始更加了解什麼最適合自己,以及什麼對自己最有助益。

我們的友誼與人際關係能夠支撐我們,幫助我們因應不斷學習產生的不穩定,但這些關係也需要經營,同時也可能帶來屬於它們的不穩定性。本節會提供一些工具,協助你確保人生中的關係都是對自己有益的,也讓你擁有很好的準備,可以不斷耕耘這些關係並獲得滋養。

我不是對友情輕忽以待的人。我對交友的態度嚴肅認真,對維繫友誼更是加倍鄭重其事。我的朋友有時會笑說,在守護彼此情誼上,我簡直有點像個教練。他們深情地提出觀察心得,偶爾話中隱含著疲憊之意。我懂。對於他們的友愛和疲憊,我都接受。在維持與我心繫之人的關係上,我確實求好心切。我熱中於規畫結伴出遊、週末度假、打網球和肩並肩散步。我喜愛始終心中有所期待、始終盼望會見某位親愛友人。對我來說,友誼既是一種承諾,也是一條救生索,我抱持著這樣的認知,慎重地緊緊將之抓牢。我想你可以說,活力是我的一種愛的語言。

談到戀愛的夥伴關係或友誼，我在此並非告訴各位，一切都很容易、很完美，也不是要透露維繫婚姻持久的十大祕訣。我一直在努力使人們越過巴拉克和我光鮮亮麗的生活面向，以便進一步看清我們的真實人生樣貌。我相當刻意去打破種種迷思，像是認為我先生是完美的男性、我們的婚姻盡善盡美，或以為愛情整體來說都是輕鬆的事。我曾經提筆描述過，巴拉克跟我亟需並接受過婚姻諮商，那時我們的孩子還小，且我倆都感到疲憊不堪，變得容易動怒，也開始疏遠對方。每當我再也受不了我丈夫時，我常開玩笑說，真想把他推出窗外。這些我經常因他而心生的小小怨憤，至今不曾停歇，並且可能永無止境。真實的親密關係難免使人惱火，若要加以維持，仍需要你對活力適度忍耐，即便這不是你的愛的語言。而我們始終不離不棄。

> 與朋友在一起，總是想得到很單純的保證，就是朋友重視我，看得到我身上的光，聽得進我的心聲，而我們對朋友也是相同的對待。

我曾跟寧可一切隨緣、裝酷的年輕人交談，他們對於真誠和暴露脆弱才是真正的親密關係這一點總是避而不談，他們未能領會各種關係都有深入發展和坦誠相向的空間。他們把二十來歲的歲月，耗在與眾多泛泛之交來往，或追求一時之歡，卻不做出基本的承諾和進行良好的溝通，然而有這種觀念才能分享真實感情和真實弱點。他們無異於吃了一堆無助於長肌肉的糖果。於是，當認真以對的時機來臨，他們開始嚮往家庭生活和更穩定的人生時，往往突然慌亂地初次意識到自己需要那些技能，並且逐漸明白，順其自然或故作瀟灑幾乎無助於維持長久的關係甚至較深入的友誼。

順其自然的結識和隨意建立的連結，可以是你社交生態系統重要的一環，但對增進克服各種挑戰的能力，最要緊的還在於你的關係的品質。最好要分辨誰可以信任，誰可以親近。我在結交新朋友時，會默默評估自己有沒有安全感，以及在友誼萌芽期，我是否覺得對方看得見並欣賞我的真實面貌。我們與朋友在一起，總是想得到很單純的保證，就是朋友重視我，看得到我身上的光，聽得進我的心聲，而我們對朋友也是相同的對待。

　　在需要時力挺我們的人，使我們得以建立和滋養自己的小力量，幫助我們了解和處理害怕或困難，給我們做自己的安全場所。如今我努力提供相同的感受給朋友：家的感覺、安全感、歸屬感、能同情共感的傾聽。因為不論是在喜慶歡度，或面臨困難挑戰，或只是彼此一起經歷日常生活的動態，最要緊的莫過於在親密、承諾、妥協，甚至疲累時，始終做彼此的後盾。對我而言，後盾支持代表一切。

請記錄你最珍惜的現有友誼和關係。你的好友有哪些人，他們在你人生中扮演什麼角色？你認識他們多久了？

_____ 是我的 _____

我們相識於 _____

_____ 是我的 _____

我們相識於 _____

_____ 是我的 _____

我們相識於 _____

_____ 是我的 _____

我們相識於 _____

是我的
我們相識於

是我的
我們相識於

是我的
我們相識於

是我的
我們相識於

我想花點時間談談寂寞孤單。美國人一致反映生活中缺乏歸屬感——這是一種與別人相處時單純地感到「自在」的感覺。有太多人在尋找家的感覺。我明白要找到這種感覺並不容易，人們對承認自己孤單多半會感到難為情和丟臉，在視自立自強為民族美德的美國文化尤其如此。我們不想顯得需要別人或不中用，或是承認覺得自己是局外人。

根據 2021 年的一項調查，美國成年人有三分之一表示他們的親近朋友少於三人，有 12% 的受調者說，他們連一個親密的友人也沒有。[2] 所以如果前二頁的紀錄反映出來的是你不滿意目前的社交生活，我希望你能了解，你並非單一特例。做個深呼吸，接受既成事實，再跟我一起讀完這一章。我堅信任何努力只能以現狀為起點。接下來讓我們一起認識一些會有幫助的工具和練習。

我們的人生時不時總會感到孤寂。當你覺得孤單時，可以想像自己的未來，怎麼樣才是理想的、比較不孤單的情況？目前你周遭的人際關係屬於什麼類型？

你希望跟哪一類人做朋友,他符合下面哪些形容詞?圈選所有符合的。

風趣	準時	積極
誠實	勇敢	暖心	有趣
愛冒險	認真	含蓄
搞笑	隨興	體貼	冷靜
外向	可靠	有條理

> 沉浸在 Instagram 之中，它將告訴你，所有的人都已經想清楚快樂、被愛和成功之道，除了你之外。跟其他人建立真正、現實生活中面對面的連結，有助於抵消這一切。這些連結讓我們了解他人真實生活，而不只是在網路上可能見到那種透過濾鏡和擺拍所呈現出來的生活方式。

在我住進白宮相對受限的環境之前，新朋友宛如雛菊般頻頻出現在我的人生中，我也努力培養彼此的友情。不論在職場、假日派對或美髮沙龍，假如遇見某個似乎滿有趣的人，我通常會有進一步行動，要到對方的電話號碼或電子郵件郵址，以便邀約對方共享午餐，或一起帶小孩到遊樂場玩。

　　現今我和年輕人交談時，常聽到他們對當下就建立新的朋友關係表達畏懼或疑慮——也就是從剛認識說幸會，進展到提議：嘿，一起出去玩吧的轉折點。他們會說，一認識就積極交友，令人覺得怪異又尷尬。他們擔心自己顯得過於熱切，看來好像交不到朋友或是不夠酷。他們害怕承擔這種風險，害怕遭到拒絕。他們的懼怕無疑成為交友的局限。

　　所有的友誼都有一個燃點。這必須是有某人刻意對另一人展現好奇心，而我認為，我們絕不應該羞於採取主動。說出我想認識你是一件樂事，而這種喜悅能夠滋長友情。是的，你初次向人表示希望能一起喝杯咖啡，或邀請他參加你的生日派對時，難免感到難為情，但當對方確實現身時，你真的會雀躍不已，你們雙方都會有所收穫。你會發現另一個人的光，你們共同開闢新天地。你們將一起營造歸屬感。

想想看日常生活中有哪些時刻，你可能錯失建立實質的人際連結，你遛狗或散步時會聽音樂或 podcast 嗎？你在牙醫診所或美容沙龍等候時，會滑社群媒體嗎？在健身房上完課，不向任何人介紹自己，就趕赴下個約會？請寫下你目前的作法，還有你可以怎樣改變作風，好讓自己的表現對建立新友誼更有利？

Moment 1

與其

我可以這麼做

Moment 2

與其

我可以這麼做

Moment 3

與其

我可以這麼做

Moment 4

與其

我可以這麼做

與可能交往的新朋友見面,跟第一次去約會的感覺極為相似:這兩種場合你都可能覺得很緊張,至少有點害怕受傷。要怎麼規畫首次見面,以解除一些這類壓力呢?有沒有什麼你一直渴望從事的活動,可以在緊張不安的同時,增添幾分振奮感?有沒有舒適的餐廳或咖啡館,你可以安排在那裡見面?

畫出你理想的活動或場地,讓你覺得在初次見面時可以展現出最好的一面!

對我來說，友誼往往是漸入佳境。這有點像是降下車窗來和新朋友對話。起初，你或許只會降下一個小開口——有點小心翼翼，對於要分享多少東西鄭重其事。如果覺得安全，如果新朋友把你的話聽進去了，你可能會將車窗再降低一點，然後分享更多。如果交流得好，你會再把車窗開大一些，直到最終車窗和車門都完全打開，突然你倆之間只有新鮮空氣。

　　結交朋友有其風險，這道理很簡單，當然也意味著要吞下一些恐懼。至少，友誼最初可能像是一種情感賭博，和約會頗為相似。你必須展現自己的某些本色才行得通。而展示自我等於敞開心扉任人評判，甚至可能被人拒絕。你理當樂意接受，不論有多少充分的理由，你終究有可能與此人當不成朋友。

　　尤其在擔任第一夫人期間，每當有新人進入我的人生，要我放鬆戒心其實並不容易。但我也明白，若不降低戒心將會發生什麼事。我清楚自己將會落得孤立無依、帶點偏執，並且受困於狹隘的世界觀之中。假如我不拋開恐懼、敞開胸懷迎接新朋友和新群眾，將衝擊我以尋常方式參與女兒們的生活的能力。我在學校的各種活動和

餐會上,將難以感到自在,人們和我在一起也覺得不自在。要是大家不能和我輕鬆自在相處,我怎能成為稱職的第一夫人?因此我覺得,持續對人敞開心胸是這個新職位的一大要務。

不過住在白宮的我,並非特別易於接近的朋友。多年之後,我們能夠笑談此事時,當時認識的一位友人告訴我,當她知道自己將把車開上莊嚴的白宮廣大南草坪外圍通道去接跟我女兒一起玩的女兒時,曾事先把車開去洗,還去做了頭髮和美甲,儘管白宮的接送指示明確告知她不能下車。

我不知道這位朋友是到何時才能全然自在地來拜訪我,而不用事先專程去洗車和做頭髮。不過我們開始不再那麼注重彼此見面時的儀容,以及會留給對方什麼樣的印象。我們漸漸地坦誠以待,彼此之間不再有緊張或期待造成的隔閡,而且樂於脫下鞋子,一起坐在沙發上。每相聚一次,我們就多放下一些戒心,並更能輕鬆地歡笑,更誠摯地談論彼此的感受。風險逐漸降低,我們相互確認對方是可靠的。我們現在是朋友了,而且會一直維繫著友誼。

與新朋友或新約會對象在一起時，有沒有什麼事是你在彼此更熟悉、覺得更安全以後就會放下的事？當你能走到那種關係階段時，你的感覺如何？

當認識不久的人覺得能夠以真面目面對你時，你注意到他們放下了什麼？

❝ 我真正的朋友知道我沒化妝時，以及在燈光不佳和攝影角度不討喜時，我的樣子。他們都看過我的邋遢模樣，甚至可能知道我的腳聞起來什麼味道。

但更重要的是,他們明白我最真切的感情、我最真實的自我,而我也同樣了解他們。"

在我生命中除了一對一的關係,我也喜歡把所有的友誼想成是「廚房餐桌」。我的廚桌由每個我會挺他、他也會挺我的人組成,它是避風港,是狂風暴雨中的休憩處,你可以在那裡暫停令人精疲力竭、無止盡地克服日常挑戰的苦差事,也能安然瓦解迎面而來有傷尊嚴的猛烈攻擊。那是療傷止痛,恢復能量的所在。你在廚桌上可以補充氧氣,重新恢復呼吸。

　　沒有任何單一個人、單一關係,能夠滿足你所有的需求。並非所有朋友都可以時時提供你安全感或支援,也不是每個人都能在你恰恰需要他們時,確切地用你需要的方式現身相挺。這就是我們最好總是為廚桌保留空間的原因,以便隨時準備集結更多朋友。你永遠需要友伴,而且你絕不會停止向他們學習。我可以向你保證。

　　依我之見,交友的最佳方式是欣賞對方獨一無二的特色,感謝他們帶給你的一切,接受他們的本色。有時這意味著不要勉強朋友做不喜歡或達不到的事。我有喜好登山和旅遊的活躍友伴,也有樂於賴在沙發上喝茶聊天的朋友。我遇到危機時會打電話給某些知己,某些朋友則不是我的求援對象。某些好友會給我建議,有些則

是愛講他們約會的故事讓我開心。有幾個朋友最愛深夜狂歡派對，有些則奉行在晚間九時就寢。有人擅長記住生日和意義非凡的日子，有人對這些日子迷迷糊糊，但是會誠摯地送我禮物，而且跟我相處時會全神貫注。重要的是，我們彼此懂得和欣賞對方，他們可能在不同的時間現身享用不同的餐點，可是他們在我的廚桌上都有自己獨特的擺設。

隨著時間推移，我在人生不同階段結交的友人也開始彼此親近，部分原因在於我具有教練的天分，我堅持只要時間允許就舉行團體聚會。我們共同形成一個支持圈，圈裡的每個人總是為彼此的成功相互奧援。獲得勝利就大聲宣揚，面臨挑戰就接受各種建議。我們以鼓勵和體貼的聆聽一起克服困難，輕輕推動彼此一把。我與朋友的對話從來不曾終止，我們都是彼此廚桌的座上賓，相互分享親密和真摯的感情。

畫出你生命中重要的人際關係，看看他們如何豐富你的廚桌！他們如何擺設餐桌，帶來什麼菜色，每個人的衣著如何？把你廚桌最真實的面貌呈現出來：

❝ 生活告訴我，強固的友誼往往是出於有意塑造。你理當慎重地打造廚桌，並審慎地呵護。對於你想要結識的人，不僅要表明「我對你感到好奇」，還要投注心力於那好奇心，為發展和深化友誼撥出時間和精力，以培養友情為優先要務，縱使其他次要的事將堆積如山，也需要你以友情少見的方式專注於增進友誼。

我發現,為友情創造儀式和慣例:每週一起喝咖啡、每月共飲雞尾酒、每年聚會,對於鞏固友誼卓有助益。"

你可以創造哪些儀式,幫助你和朋友持續連繫彼此的感情?你是否已經有這種儀式,你從中得到什麼益處?

數年前《黑人當道》（*black-ish*）影集女演員崔西・艾莉絲・羅斯（Tracee Ellis Ross）曾在臉書寫下動人的頌詞，獻給擔任時尚雜誌總編輯的好友薩米拉・納斯爾（Samira Nasr）。她描述了兩人在某雜誌社共事時，相識與締結情誼的過程。崔西看見另一個房間裡的薩米拉，心想：「她的髮型和我相似……我確信我們能當朋友。」事實證明她想得沒錯。她們成為最親密的朋友迄今已經超過二十五年。崔西的臉書貼文表示，「沒有她，我做不成人生大事。我是她生命中的藤壺。」

我認為她的表達非常地美。我珍視朋友，她們照亮我的每個日子，不過這只是看待友誼的另一種適當方式。假如你曾在海邊待過，遇過這種附著於船底和海面下岩石、一塊塊外殼堅硬的甲殼類生物，你就會明白藤壺的堅定不移、穩如磐石是無與倫比的。我們同樣可以用藤壺形容特別的朋友。你要是幸運的話，一生至少會交到幾個矢志不渝的摯友，他們不帶偏見地接納你，出手幫助你解決難題，帶給你歡樂——不只一學期，或與你住在同一城市的兩年間，而是長年堅持不懈。藤壺不引人注目，我認為最好的友誼也是如此，不需要目擊證人，不會試圖完成可衡量或可兌現的事。實質的事多半發生於不為人知的幕後。

想想你人生中像藤壺的某個人,回顧你們的友誼是如何從剛認識,轉變到現在穩定、信任的關係。從這段關係裡有沒有任何心得,可以應用在加深新建立的友誼上?

朋友支持你最有意義的方式曾經有哪些？

你支持朋友最有意義的方式曾經有哪些？

除了友誼，另一種人們選擇取得人生支持的關係是愛情。時常有人向我尋求感情方面的建議。他們問：我怎麼知道自己找到合適的、值得託付的伴侶？偶爾討厭我的伴侶是不對的嗎？當我的父母立下不好的榜樣，我如何好好地付出愛？面臨衝突、惱怒、苦難、挑戰時該怎麼辦？

他們看過我和巴拉克的一些合照——我們開懷暢笑、凝視對方、顯得彼此相伴心滿意足——從而推斷我倆在一起很快樂。他們問，我們是如何維繫到現在已有三十年並且過得幸福的婚姻。我想說，是的，確實是這樣，有時我們也對此感到意外！我真的不是在開玩笑。我們當然有我們的問題，但是我愛這個男人，他也愛我至今，而且看來會永遠愛我。

老實說我不知道這類問題的答案，也無法提供應對個別挑戰的解方，我唯一知道的愛的故事，正是我日常生活所體驗的。你的愛的故事會跟我不一樣，就如同你關於家的概念，以及誰和你共同屬於這個家，始終是你個人獨一無二的想法。

大多數人只能慢慢想清楚自己在親密關係中需要什麼，以及能夠給予對方什麼。我們實踐，我們領悟，我們搞砸，有時我們取得的工具未必有用，在建立關係初期做了一些未必正確的投資。我們沉迷，想太多，精力用錯地方，有時我們聽從糟糕的建議，或是忽略良好的建言。我們受傷時退縮，害怕時披上鎧甲。我們被激怒時可能反擊，感到羞愧時可能低頭。

你也可能像許多人那樣認定，即使沒有伴侶也活得十分快樂而充實。如果這是你的情況，我希望你能為此稱慶：這是全然正確且成功的人生抉擇。

也有不少人會在不知不覺中仿效原生家庭的關係——童年時期認知的家的版本——這當然可能很美滿、很糟糕或好壞參半。我認為，真實且持久的愛多半發生於中間地帶。我們都尋找這個問題的答案：我們是什麼樣的人？又想成為什麼樣的人？

我從自己的親密關係中有一項心得可以分享，就是與友誼相同的最可靠的金句：支持。以好奇心支持，以專注力支持，你希望伴侶怎麼支持你，就展現給他看。

要是你選擇跟另一個人努力共創人生，就得信守那個抉擇。你發現自己理當一再選擇留下，而非逃開。認真想一想，這是瘋狂而且須突破萬難的事情，也不是始終行得通（這不應總是管用：假如在這個親密關係中受到傷害，那麼你理應適時結束關係）。可是當這麼做有效時，你會覺得宛如經歷了切切實實的奇蹟，說到底，愛就是奇蹟。這就是一切的重點。任何長期關係確實都具體表現了堅定不移的信念。

我與巴拉克的愛並不完美，但我們情真意切，矢志不渝。我相信人們從我們的合照中感受到的是：即使我們已共同生活半輩子、儘管我們以各種方式惹惱對方、縱然我們有各方面的差異，我們都沒有離開對方，並且因此感受到小小的勝利。我們依然在這裡。我們留在彼此身旁。

要是你有伴侶或有意找個伴，你認為此人應具備哪些最重要的特質？你會用跟前面描述想要找的朋友相同的形容詞，來描述想要找的伴侶嗎？

在我的婚姻裡，我倆花了一些時間，做了不少練習，才摸清楚如何逐步調和彼此的分歧。我發現巴拉克是個當機立斷解決問題的人，當我們的關係浮現問題時，他偏好立即面對，詳細討論如何解決。而我相反，我比我先生更貫徹自己的意志，更慢收拾心情。我一生氣就會情緒失控，然後必須設法使自己逐步回復理智。有時在爭執剛爆發之初，我的大腦就失去理智，這時我最不願做的，就是條理分明地爭辯誰是誰非，或是爭論解決問題的方案。

　　我們必須練習怎麼回應對方，並顧及彼此的經歷背景、互異的需求和存在方式。巴拉克已懂得如何給我更多時間和空間來使我冷靜下來，並慢慢處理好自己的情緒，因為他知道我在成長過程裡享有那樣的空間和時間。我同樣學會如何更有效率和盡可能不傷害彼此地處理事情，我力求不讓問題拖延過久，因為我知道他的家人教導他不要延宕而致事態惡化。

你的論事風格屬於哪一種？你是否需要時間冷靜下來，以較慢的步調面對問題，還是更熱切希望馬上解決？也請找出伴侶、前伴侶、朋友和親人的論事風格：

	慢步調，冷靜期	立即解決
1		
2		
3		
4		
5		
6		
7		

當你與生命中重要的人出現歧見，
該如何協調以尊重雙方處理衝突的方式？

	慢步調，冷靜期	立即解決
1		
2		
3		
4		
5		
6		
7		

你人生中有沒有人擁有你羨慕的關係,也類似你自己想要建立的關係?你羨慕那關係的什麼地方,又有什麼你想改變的?(切記這不是評斷,當然你也無從知道別人私生活的一切,可是有一些彼此支持的正面榜樣,是找出哪些價值對你很重要的好辦法。)

思索你現有的、過去的某個關係，或與某個朋友、家人的親密關係。有沒有你可以做到卻未曾盡力支持他們的時候？現在碰到同樣狀況你會怎麼做？

習慣追蹤表 | 挑戰自己以下列方式，為新舊朋友、伴侶或家人提供後援，再加進一些屬於你個人，有助於與生命中重要的人保持親密的儀式和作法：

1	主動與可能結交的新朋友交談：	○○○○○○○○○
2	參加增進友誼的儀式性活動（每週一次咖啡、每月一次晚餐等等）：	○○○○○○○○○
3	特意去為朋友或伴侶做特別的事：	○○○○○○○○○
4	分享關於自己脆弱的事：	○○○○○○○○○
5	在出現歧見時，努力去了解朋友或伴侶的觀點：	○○○○○○○○○
6		○○○○○○○○○
7		○○○○○○○○○
8		○○○○○○○○○
9		○○○○○○○○○
10		○○○○○○○○○
11		○○○○○○○○○
12		○○○○○○○○○

我時常告訴兩個女兒：「不要獨自面對人生。」尤其對活在與眾不同之中的人，為生存而創造令自己感到安全和自在的空間就十分重要。找尋能讓你卸下盔甲、擺脫憂愁的對象，是值得戮力以赴的事。在親密的友伴面前，你可以傾訴在其他地方有所保留的每件事，你可以放心地發怒，發洩對不公不義和輕蔑藐視的憂懼。因為你不可能把一切藏在心裡，你不可能單靠自己處理因與眾不同而面臨的種種挑戰。

我全然相信，當你身邊至少有幾位摯友，當你可靠且情感流露地投入，而摯友也同樣如此對待你，則你的人生將會更上層樓。我發現，不論哪種有意義的關係，要走下去都沒有一定對錯的模式。夥伴關係沒有一套必須遵守的嚴格原則，因為同樣的事不見得適用於每個人的人生，我們只能彼此尋求相處之道，日復一日、年復一年，透過衝撞和讓步，靠著源源不絕的耐性，盡量多了解對方一點。

只要你刻意表達，沒錯，至少顯露出些許的脆弱，就能從其他人那裡找到豐足和安全感，前提在於你願意向別人展現好奇心，並保持開放的心態。朋友和伴侶會成為你的生態系統：你的廚桌、你人生中的藤壺，當我們相互支持，就可以幫助彼此好好走下去。

孩子們
會好好的

照顧子女並看著他們成長，是世上最值得做的事之一，不過這同時也會讓人抓狂。不論任何情況，要是你必須為一個孩子的人生負責，必然十分熟悉這惶恐和憂慮的特別組合，這種為子女煩惱得寢食難安的折磨，縈繞心頭的徬徨失措，擔憂自己為子女做得不夠，憂心自己搞砸一切，而子女因為你的疏忽或錯誤決定正在付出代價。我相信很多人從見到新生兒珍貴、純真無邪的臉蛋那一刻起，就開始幾乎不間斷地會有這種強烈的得失感，心想：拜託，拜託，請別讓我搞砸了。

> 好在這些年來我有個祕密武器，可以幫我克服親職焦慮的侵襲，就是我的母親。她一直是支撐著我的佛陀，沉穩不帶評斷地見證我的各種缺點，是我不可或缺的理智泉源。

恐懼心態是我的老朋友了，經常加劇為人父母的焦慮，觸發一連串疑懼和愧疚。（我有提過恐懼心態最愛小孩嗎？它很清楚你的弱點，會照著去追殺你。）

就如同婚姻和夥伴關係那樣，幻想版的父母形象占據我們文化想像的重心，可惜現實遠非如此完美無瑕。母親們的匱乏感尤其劇烈，我們在廣告和各社群媒體見到的完美母親形象，其虛假或令人混淆的程度，不亞於經過修圖和美化過的女性身體，靠節食、塑身和注射填充物造就的身體，卻時常被社會奉為美的黃金標準。可是我們已習於接受它，不只追求完美的身體，也追求完美的子女、完美的工作與生活平衡、完美的家庭經驗，和完美的耐性和平靜，儘管事實上沒有人——我再說一次，真的沒有人——辦得到。這種種假象造成的疑慮，可能十分強烈又極具破壞力。身為母親看到周遭這一切，很難不去想：是不是人人都做得如此完美，唯獨我例外？

好在這些年來我有個祕密武器，可以幫我克服親職焦慮的侵襲，就是我的母親。她一直是支撐著我的佛陀，沉穩不帶評斷地見證我的各種缺點，是我不可或缺的理智泉源。她提供給我的是洞察力和在場陪伴，她是專注的聆聽者，能迅速驅退我的恐懼，或當我有點「過度」苦惱時要我適可而止。

她告訴我，對孩子永遠要假設最好的狀況，這一點很重要，寧可要他們達到你的期望和高度器重，而不是要他們陷入你的疑慮和憂心中。母親開示我，應當給予孩子信任，而非要求孩子贏得你的信任。

她的精神講話簡短又輕描淡寫，頗符合她的個性，卻也令我感到寬慰。母親會聳聳肩說：「兩個孫女都不錯，她們只是正在努力學習人生。」

母親同時也在對我說，我一樣令人滿意，我可以冷靜下來，相信自己的判斷。這始終是母親給我的核心訊息。她准許我在本節，分享一些她的工具。不過她要我附上免責聲明，以下直接引述她的話：「你只要務必讓他們知道，我不是在指導別人怎麼生活。」

> 孩子最終將成長為他們注定會成為的人，他們將以自己的方式領悟人生。你能控制他們發展過程的某些事情，但絕對掌控不了一切。你無法使他們的生活免於不快樂和掙扎。你能給予你的孩子——我們能給予所有孩子的——實際上就是被聽見和被看見的機會、他們依據深刻價值觀做出理性決策所需的練習、以及始終如一地對他們的存在感到的喜悅。

在你成長過程裡，家中有哪些規範？你對那些家規的感覺如何？

你對那些規範是否有任何一項，是現在的看法不同於兒時？當時那些家規該如何實行，你才能從中吸取教訓？

無論你是不是為人父母，你覺得應該為孩子立下哪些基本規範？

Rule 1

Rule 2

Rule 3

Rule 4

Rule 5

Rule 6

Rule 7

Rule 8

Rule 9

Rule 10

從上二頁列舉的規範中選出四項，寫在下面的方格裡。假如你是小孩，對這每項規範會有什麼感覺？會很願意遵守，還是會反抗？

對我的規定 Rule＿＿＿＿＿＿

我會覺得

對我的規定 Rule＿＿＿＿＿＿

我會覺得

對我的規定 Rule＿＿＿＿＿＿

我會覺得

對我的規定 Rule＿＿＿＿＿＿

我會覺得

母親從小生長在過於講規矩的家庭。外祖母瑞貝卡引以為傲的是她的小屋、一塵不染的玻璃茶几、僅被看見卻沒有被聽見的子女。可是母親厭惡這種壓抑的生活方式，她在自己家裡對子女採取完全不同的作法，哥哥克雷格和我在家裡可以做自己。克雷格是天生的照顧者又有些自尋煩惱，我則爭強好勝又獨立自主。父母以不同的方式看待及對待我們兄妹，他們的教養方式著眼於培養我倆個別的實力，挖掘出我倆最擅長的部分，而非要我們符合任何既定的模式。

　　我努力用相同的方法教養我的兩個女兒莎夏和瑪莉亞。我期望她們感受到自己被看見也被聽見：始終能夠暢所欲言，無拘無束地探索世界，從不覺得在自己家裡必須小心翼翼。巴拉克和我立下一些基本家規和管理原則：我像我母親一樣，在女兒大到可以睡自己的床後，就要求她們自己鋪床。巴拉克則像他母親那樣，用心使女兒很早就樂於閱讀。

　　總之我們很快體會到，教養小孩跟懷孕和生產的過程差不多：你花很多時間夢想、籌備、規畫如何使家庭生活盡善盡美，到頭來

你卻大多只能隨機應變紛至沓來的各種事。你可以建立自家的育兒法和慣例，你有眾多睡眠、餵食、紀律等各方面的專家可以取經。可是到了某個時間點，你們幾乎一定會潰不成軍，而這越早發生越好。你們將領悟到，儘管竭盡所能、戮力以赴，也只能勉強──有時非常勉強地──掌控一些事。你們可能長年費心地打理自家，保持得一塵不染、井然有序，令人欽羨，如今卻得面對現實：有小劫匪闖入，不管你們喜不喜歡，他們都會把這裡搞得天翻地覆。

> 儘管孩子們愛你,他們終究有自己的計畫。不論你多慎重地規畫子女的人生,身為獨立個體的他們,仍將用自己的方式去學習人生課題。他們充滿探索、試驗和接觸世界的好奇心,在你掌舵的家裡四處摸索,不經意地摧毀包括你的耐心在內的任何脆弱事物。

我兩個女兒很小就顯現出是差異很大的孩子,因此需要不同的教養法:瑪莉亞很小心,經常要我們提供意見和忠告;莎夏卻好勝心強,想要父母讓她更獨立自主。請比較和對照你各個子女的需求和個性,或是拿你自己小時候的個性和需求,與你的某個子女、某個兄弟姊妹、或你人生中很熟悉的其他孩子來對比。

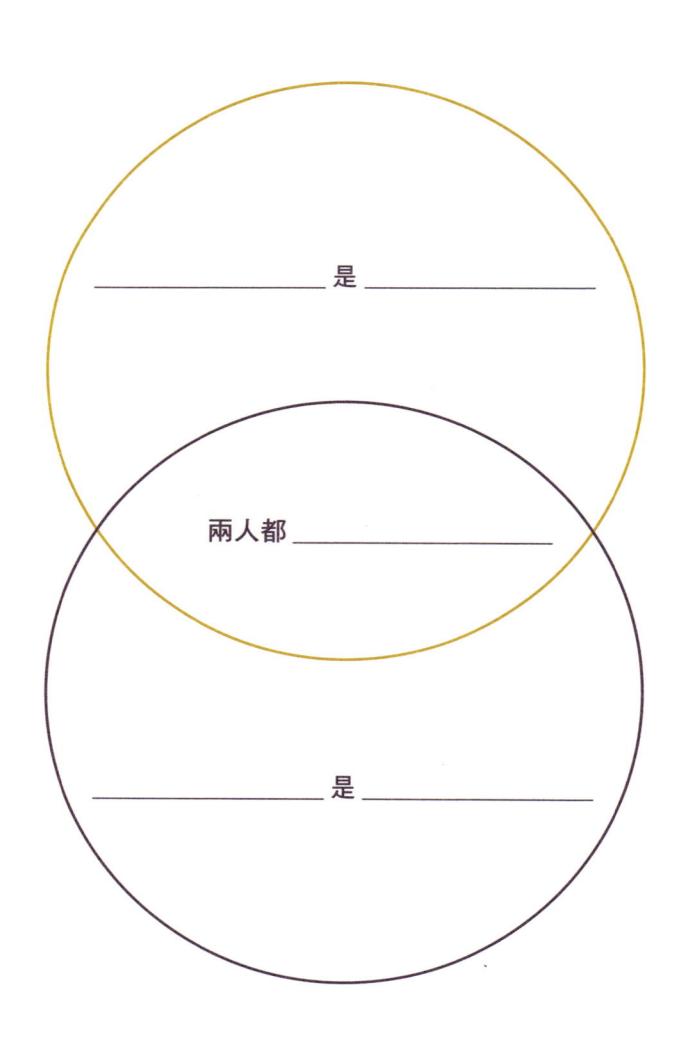

_____ 是 _____

兩人都 _____

_____ 是 _____

如果你有兄弟姊妹,父母對你們的教養方式會針對個別的特殊個性和需求嗎?你會調整生活中與子女的互動方式,以符合他們個別的性情嗎?

母親除了讓哥哥和我被看見、被聽到，並顧及我們兄妹獨特的個性，也確保我倆很小就有某種擔當。

我五歲開始上幼兒園時，父母送給我一個小電子鬧鐘，它有著正方形的鐘面，以及會在夜裡發出綠光的小巧時針與分針。母親教我如何設定起床時間，以及鬧鈴響了以後怎麼關掉它，然後她幫我一一推算早上要做的每件事，以便算出從起床到出門上學我總共需要幾分鐘。她親自教導我，給我必要的工具，但如何有效使用工具的挑戰，就要我自己想清楚。

我非常喜愛這個鬧鐘。

我愛它帶給我掌控年幼生命的力量。如果我睡過頭，沒聽到鬧鐘響，或是想偷懶，拖著兩腿不肯去上學，母親也不會嘮叨或哄騙，她始終維持不干預的立場，好讓我明白，我的人生多半取決於我自己。她會說：「聽好，我已經完成教育，我已經上過學，這不是關於我的事。」

我堅信讓孩子負起他們辦得到的小責任，代表一種信任，這可以使孩子或達到你的高期待，或在安全並有人教導的環境下開始學習行為的後果。

你小時候曾經做過什麼家務或負過什麼責任？

你指定給自己的子女什麼家務或責任？（如果孩子很小或沒有子女，你可能在什麼年齡指定什麼事讓小孩做？）

你（或你的某個子女）是否曾經未能達成指定給你（或子女）的責任或期待？結果如何？你或你的子女從中學到什麼教訓？

鬧鐘教養法只是我父母更深思熟慮的一種教養方式，目的是幫助孩子學習在身心兩方面自己站穩腳步並維持不墜。母親從生下小孩那一天起，就一直努力實現一個目標：讓自己或多或少別介入子女的人生。

我提到過，多年來我多麼需要母親在身邊幫我冷靜下來，想必你很清楚，我母親並未完全做到這一點。然而，這不是因為她不夠努力。

母親向來直言不諱，她打算盡快盡可能成為我們生活中非必要的人，尤其是關於日常的實際事務。越早達成這個目標，她就越快能感受到克雷格和我可以自立，她自認這樣身為母親就越成功。她常說：「我撫養的不是嬰兒，我養育的是成年人。」

在直升機式教養法（helicopter-parenting）當道的時代，她這麼說恐怕尤其不合時宜。可是我很有把握，我母親大多數的決定是根據一個基本課題：什麼是此刻我能為他們做的最起碼的事情？

這不是漫不經心或自私自利，而是經過深思熟慮的想法。在我們家，自立自強重於一切。我父母自知家裡的金錢、空間和獲得特殊待遇的機會有限，而且礙於父親的健康狀況（不只精力還有餘命），所以他們必須在各方面講求節儉。

母親認為，她插手只會阻礙我們的發展。倘若我們必須學習某些新事物，她會為我們指點迷津，然後迅速退居一旁。雖然我們許多事情做得不夠完美，但重點是我們自己動手做了，沒有人替我們做，母親沒有介入。就算我們做的方式與她稍有不同，她也沒有糾正我們的錯誤，或是制止我們的做事方式。我相信這是我首次嚐到力量的滋味，我喜歡獲得信任去做某件事。當我問母親這點時，母

親對我說:「孩子們小時候都比較容易犯錯,錯就讓他們錯吧,也不必大驚小怪,否則孩子就不會再嘗試了。」

她袖手旁觀,任由我們在家務、功課,以及對老師、教練和朋友的關係上,自己努力和犯錯。母親始終默默守護著我們的生活,但她不會立即主動表示要幫我們處理。我們學到許多社交、成長技能,讓我們得以了解,自己想要與什麼人為伍,願意聽什麼人的見解,以及這樣抉擇的原因。

母親幫助我學會如何釐清自己的各種感受和應對的策略,但她的作法大多只是給我思考空間,並小心地別讓她自己的感受或意見扼殺了我的想法。每當我向她發洩與老師或朋友之間的問題,母親會認真聆聽,然後問一個簡單的問題,非常真誠並帶點誘導性:「需要我幫你嗎?」

這些年來我確實有幾次真的需要母親的一臂之力,而她也伸出了援手。然而有九成九的時刻,我並不需要母親替我出頭。她只是提出那個問題,透過給我回應的機會,巧妙地促使我不斷思考,對面臨的問題理出頭緒。情況實際上有多糟?有哪些解決方法?我可以怎麼做?

最終,我往往明白可以信任自己的答案,那就是「我想我自己可以處理」。

對生活中接觸到的孩子，你傾向於如何支持他們解決問題？你會耐心地聆聽並提供建議，還是直接去解決？你如何決定需要採取哪種策略，又如何判定時機？

回想你人生中父母輩的人物,他們曾以什麼方式給予或不曾給予你,你需要或想要的那種解決問題的支援。那如何影響你成年或自己當父母後的作為?

"回家來。
我們總是歡迎你回家。"

「回家來。我們總是歡迎你回家。」母親不止一次而是經常對我和克雷格這麼說。這是重於其他一切的訊息。你回家享受家人的疼愛，家是你始終能找到喜樂的所在。

　　我明白我很幸運，從小就認識一個美好的家庭。童年時我沉浸在歡樂中，使我在成長茁壯的過程裡擁有明顯的優勢。我懂得喜悅的感覺，所以有能力向外尋求更多快樂，去交朋友和建立關係，最終找到能帶給我的世界更多光明與喜樂的伴侶，後來我也努力使自己的孩子享有這一切，期望給予她們的人生同樣的鼓舞。

　　我意識到，對許多人來說，「家」是更為複雜也不那麼讓人感到自在的概念。它可能代表一個地方、一群人，或是你理所當然極力想拋諸腦後的某種情感體驗。家有可能是你永遠不想回去的痛苦傷心地。這也無所謂。

　　清楚自己不想去什麼地方，能夠賦予你力量。

　　發現自己下一步想要走向何方，也能使你獲得力量。

　　所以本小節我想向各位提出的最重要問題是：如何為自己和他人，尤其是為孩子們，打造生活美滿並總是令人期望回歸的家園？

本節不提供習慣追蹤表，免得讓各位只想到親子間常討價還價的許多家務和責任，我希望各位在空白處填下，安全而充滿愛的家的概念對你有什麼意義，不論你是否曾經有過這樣的家，或想要有卻不可得，或你希望為自己子女打造的家。把它畫出來，寫下來，哪種方式最能抓住你的想法，就在這裡這麼做。

克服身為母親的最大挑戰和因此而產生的焦慮,我母親是我所期望的最佳榜樣:她向我展現的是,教養子女不會牽扯上她的自我意識或自我價值,也不是為了自吹自擂。她會說,這根本不是關於她的事。畢竟她總是盡量試著不插手我們的事情,這意味著,她不會因我們的得失而心情上下起伏。她快樂與否並非取決於我們是否帶著高分的成績單回家,或克雷格在籃球賽中得到很多分,或我被選為學生會代表。當好事發生時她會為我們感到高興,當壞事來臨時她會協助我們處理,然後再回頭去做她的家務和迎接各種挑戰。最要緊的是,不管我們成功或失敗,她始終愛著我們。任何時候我們一進家門,她總是滿心歡喜。

　　母親教給我的是,重點不是我自己,而是我的孩子們。只要我讓她們長成她們該成為的人,以母愛的支持和架構幫助她們找出人生的明路,並建立愛的家園,做她們有需要時可依靠的安全後盾,那麼孩子就會好好的。

高尚回應

在我所有被問到的問題中,有一個出現得格外頻繁:**高尚回應**的真義到底是什麼?

我首次公開說出:「當別人低劣攻擊,我們要高尚回應。」(When they go low, we go high.)這是在 2016 年費城民主黨全國代表大會上發表演說。說實話,我完全不知道「我們要高尚回應」這句話,後來會一直與我連結在一起,幾乎成為我個人的代名詞。

我所做的其實只是分享了我們家努力遵行的座右銘罷了,那是我和巴拉克的簡便用語,藉以提醒自己,看到別人不講理時,要堅守自己的誠信立場。「高尚回應」講的是我們做選擇的方式,始終更努力一點、更想遠一些。那是我們內心理想的簡化版,像各種食材滿滿的一鍋湯,小火慢燉,裡面全是我們成長過程逐漸匯集而內化的理念:講真心話、盡力而為、理性客觀、保持堅韌。每當我們覺得受到考驗時,就會祭出這句話,提醒自己在面臨道德難題時穩住陣腳。

當別人表現得低劣時,你該怎麼辦?當感到被攻擊時,又要如何回應?有時很簡單就知道該怎麼做,答案清楚明白,有時卻可能很困難,因為情況曖昧不明,需要三思才知道正確的應對方式。

我到最後才來談「高尚回應」,是因為各位需要陸續練習過本書的所有其他工具,才能做好高尚回應。當你碰到必須高尚回應的情況時,如果你已找到小力量的重心,在周遭建立起穩定且相互支持的友誼及關係,並學會如何面對恐懼和個人故事的全部,做起來就會容易許多。因為請勿誤會:高尚回應必須認真以對,往往是困難又乏味,而且並不自在還經常很不愉快。你需要無視外界的仇視與質疑,在你與見不得你好的人之間築起一道牆。當周遭的人可能

感到心累、厭世想放棄時,你必須持續努力。

一旦捲入無減弱跡象的風暴中,我們該如何安身立命?當周圍的空氣不穩定,腳下地面好像不停地移動,我們該如何站穩腳步?

我認為,一部分的起點在於,能在不斷變化的事物中找到能動性和使命感,並記住小力量也可以有其意義。投票很重要,幫助鄰居很重要,花時間心力推廣你相信的理念很重要,看到個人或群體遭到詆毀或妖魔化時勇於發聲很重要,對他人無論是子女、同事甚至路人表達快樂也很重要。

你的小小行動成為媒介,強化了個人的能見度、可靠感和與人的連結感,也有助於提醒你:你自己也很重要。

所以每當有人問我高尚回應的意涵時,我會說明,對我來說就是採取必要的行動,不計榮辱,讓自己的努力有價值,讓自己的聲音被聽見。我發覺,只要做好準備,善用各式各樣的工具,一切就更有可能實現。

高尚回應也不僅限於某日、某月或某次競選期間,而是持續一輩子、一整個世代。高尚回應有著示範作用,是致力於向孩子、親友、同事和當地民眾示範,何謂生活有愛及正派行事。因為至少從我的經驗來看,你為別人的付出——無論是希望還是仇恨——終究只會帶來更多相同的結果。

要是你以前就熟知我這句「當別人低劣攻擊，我們要高尚回應」，你覺得我這麼說用意何在？近年來你對「高尚回應」的理解有改變嗎，還是讀過前面的解說後有不同的想法？

試想你人生中發生過的幾次事件，是你對當時情況產生強烈情緒反應，可能感到不得不當場以「低劣」的回應還擊。不論你當時是如何回應，請簡短寫下每次的狀況，以及可能做出什麼「低劣」和「高尚」的回應？

情況		
「低劣」反應		
「高尚」回應		

從前二頁寫下的情況當中選擇一個進一步思考：你當時是採取「低劣」反應，還是經過思慮，採取了「高尚」回應？要是當時你採取相反方式，結果可能有何差別？

對我而言，高尚回應通常代表做出反應前先停頓一下。這屬於一種自我控制，就是對好與壞的衝動反應加以區隔，那是把直覺反應轉化為成熟回應的過程。在面對會引起強烈情緒的狀況時，你通常是先暫停還是先反應再說？

列舉可用於幫助你先停頓再回應的活動或作為：你可以怎麼做，以取代馬上反應？

> 高尚回應就像在沙子上畫一條線，邊界清晰可見，然後花點時間思考，**自己想站在哪一邊？**這提醒你停下來好好考慮，呼喚你用心、用腦來回應。

請為你自己畫一些沙上的界線,用圖示同時說明某個課題的「低劣」面,和你期望站在的「高尚」面:

人們難免會納悶，究竟為何我們得一直保持理性？

每當出現又一次不公不義、殘酷暴行、領導無方、官員貪污或侵犯人權事件時，我都會收到書信和電子郵件，提出大同小異的問題。

我們還要繼續高尚回應嗎？

好，現在該怎麼做？

我的回答是，沒錯，原則依然不變。我們需要繼續努力做到高尚回應。我們必須自始至終追求這個理念。誠信待人十分重要，永遠都很重要，這是處世的工具。

高尚回應是實際行動，不能僅是感覺。這並非呼籲大家自視甚高，坐等改變，也不是旁觀別人受苦；這不是要我們接受壓迫的狀況，或任憑殘忍與權力宰制。高尚回應的概念，並非探討我們是否有義務打造更公平、正派和正義的世界，而是探討我們如何抗爭，如何努力解決遇到的問題，如何維持長效的續航力又不至於後繼無力。有人認為這是不公平、無效果的妥協，只不過是體面政治的延伸，我們一味遵守只是為了延續現狀，而非衝撞體制。

我明白為何有人認為，理性就沒有憤怒的空間。我理解有人覺得，高尚回應代表必須自我抽離，默許種種可能羞辱和激怒自己的事情發生。不過我這一生學到的是，真正的力量並不存在於傷痛與憤怒中，至少不是指純粹又毫無節制的發洩。我的力量存在於我能夠如何利用那傷痛和憤怒，把這種感受帶往何處，以達成我選擇的什麼目的。這取決於我是否能把這些原始的感受，轉化為別人難以忽視的東西，像是明確的呼籲、行動的號召，和我願意努力推動的成果。

　　這就是「高尚回應」對我的意義。就是把抽象且往往令人難過的感受，努力轉化為某種可執行的計畫，擺脫赤裸裸的情緒反應，尋找大局的解決方案。

　　我想澄清，這都是一個過程，不見得都會很快完成，可能需要時間和耐心。你可以先坐著醞釀一下，整理不公義、恐懼或悲傷引起的躁動，或把內心痛苦表達出來，也可以給自己必要的空間復元或療傷。因為切記一件事：情緒與計畫不同。情緒無法解決問題或導正錯誤，你可以感受情緒，也必定有各種情緒，可是要小心，別讓情緒牽著鼻子走。憤怒就像骯髒的擋風玻璃，受傷好比壞掉的方向盤，失望只會悶悶不樂地坐在後座，幫不上忙。若你不幫這些情緒找到積極的出口，整台車就會直接開進大水溝。

　　我的力量始終取決於不讓自己陷入水溝的能力。

正如我所說：情緒與計畫不同。可是你的情緒經過反思，有助於顯現你該有什麼計畫。回想你曾有過強烈情緒性反應的情況，當時是什麼情緒，它可能告訴你，你需要針對什麼事訂出計畫？

Emotion 1
為回應這情緒我可以做出以下計畫：

Emotion 2
為回應這情緒我可以做出以下計畫：

Emotion 3
為回應這情緒我可以做出以下計畫：

Emotion 4
為回應這情緒我可以做出以下計畫：

現今社會的便利，造成我們很容易自滿，像是可能只花三秒鐘按個「讚」或做個轉貼動作，便自詡在積極參與，或自以為加入了某個社會運動。我們太習慣大聲嚷嚷，彼此祝賀大功告成，有時卻忘記挽起袖子做事。你可能透過三秒的投入給人留下印象，但並沒有造就任何改變。

我們是單純反應，還是真正在回應？有時這值得思考。我在社群媒體上貼文或發表任何公開評論前，都會問自己這個問題。我是否太過衝動，只是想讓自己心情好一點？我自己的感受是否能轉化成可執行的具體行動，還是只是一時衝動？我是否準備採取實際作為以促成改變？

我認為，簡單的座右銘都有個問題，就是容易記得和複誦（或印在馬克杯、T恤、托特包、棒球帽、2B鉛筆、不鏽鋼水壺、休閒緊身褲、吊墜項鍊或掛毯上，這一大堆東西網路上都買得到），遠比日常實踐容易得多。

「別為小事操勞」、「保持冷靜，繼續努力」？

這些口號當然都很好。但請告訴我該怎麼做。

在最初的鼓舞或承諾之後，經過一段時間的感受、思考或療癒之餘，往往唯有持續的行動和刻意的規畫，才能真正促成改變。

你是否參與過我前面提到,一些較容易、較不費力的「高尚回應」行動,例如在社群媒體上貼文表達自己的觀點,卻無任何後續行動?果真如此,請花些時間在下面寫出,你可以如何從支持的立場更進一步,把你相信的理念轉換為可付諸行動的計畫。

每次都會惹得我怒火中燒的事情之一,就是媒體惡意把我描述成,只是一個「憤怒的黑人女性」,在巴拉克選第一任總統時尤其惡毒。要是你相信某些媒體呈現的形象和右派的胡言亂語,我根本就是徹頭徹尾的噴火巨獸,隨時隨地都皺著眉頭來回踱步,心中永遠充滿憤怒。

　　遺憾的是,這恰好吻合最近職場研究中觀察到的一種更普遍、更深植人心的看法:黑人女性若表達任何類似憤怒的情緒,人們更有可能認為這是她平常的人格特質,而不去深究是否與受到某種處境刺激有關,這樣當然會使黑人女性更易遭到邊緣化,不被當成一回事。[3] 無論你做任何事、採取任何行動,都可能被視為越界,甚至可能被斥為根本站錯邊。一旦被貼上那個標籤,所有前因後果就一律遭抹除:氣噗噗的黑人女性!你就是這副德性!

　　當你是被貼標籤的一方,像是「憤怒的黑人女性」或其他傷人的刻板印象,那些追著你不放的人已顯現他們會低劣到什麼程度,你有可能覺得幾乎不可能想要做出高尚回應。這種蔑視是既快速又有效率的排擠,反映出內建的偏見,目的在警告他人退避三舍,因

害怕而遠離,把投資轉到其他地方。

他們無視於你的財力、生命力、獨特性與潛力,硬生生把你放逐到社會邊緣。要是你身陷社會邊緣,走投無路,而滿腔怒火,會有什麼結果?那麼你的行為只會證實並加深刻板印象,進一步把你困在其中,你的任何辯駁都失去正當性。你會發現自己無法發聲,遭到忽視,正按照別人為你寫的失敗劇本走。

這種感覺差到不行,但我完全可以體會。

所有那些負面標題當然都非事實。我能夠因為被當成老是愛生氣而生氣嗎?當然可以,不過那又對誰有利呢?這樣的我能產生影響力嗎?

反而我一定要高尚回應。

想一想,別人曾加在你身上最傷人的刻板印象或羞辱。現在再設想一個較好的形象:你希望別人看到或承認你什麼正面的事?請在下面描述或畫出來。

" 我們的憤怒與絕望
通常有理有據，
但問題是：
我們要如何處理憤怒？

可否把
憤怒與紀律結合,
而不會淪為
背景噪音?„

就我來說，寫作的過程對高尚回應是極為有用的工具，我可以透過這方式梳理個人情緒，再轉化成能發揮作用的形式。

動筆寫作，或對可信任的聽眾大聲說出心裡話，一直促使我把自己的想法攤在陽光下檢驗。這使我得以放下憤怒和憂慮，開始尋求更宏觀的理性思考。我能夠區分有效和無效的作法，替自己找到更高層次的真理。我知道我最初的想法鮮少有太大價值，但那只是我向前邁進的起點。我看到自己的種種想法呈現在紙上，就可以持續修改和反思，找到自己的方法來實現真正的使命。寫作過程已成為我人生中威力極強大的工具。

現在請你來試試，利用本頁和下一頁空白處，開始撰寫你尚未想清楚的事，不論是某種感覺、某項計畫，或任何其他想得更清楚會更好的事。

我無法向你保證，我的工具對你一定有用，即使有用，也無法保證你在世界上的所有問題都會消失。不過我很肯定，變動已是必然，我們要持續奮鬥，抗衡恐懼，找回部分主導權，我們也不一定能在當前的歷史時刻找到自己的定位。事情是朝著更好還是更壞的方向發展？一切是為了誰？我們究竟該如何衡量呢？於你是美好的一天，對鄰居來說可能是糟透的一天；有國家興盛，就有國家衰落。苦與樂往往只有一線之隔，有時還交織在一起，大多數人的人生都是苦樂參半，卻依循著人類最本能的衝動，懷抱著希望。我們鼓勵彼此：不要放棄，繼續努力。

這也很重要。

總有一天，我們會回頭看自己所處的此時此刻，我們會從不同的歷史高度，從現下無法想像的未來處境去看。我很好奇，我們會如何理解這段時期？哪些會感覺似曾相識，哪些會覺得記憶久遠？哪些故事會流傳下來？我們成功推動了哪些改變？我們會忘卻哪些，又會銘記哪些？

談起對於未來的希望（例如修補、復原、再造）可能並不容易，

部分原因在於，對照近年來令我們感到恐懼與難過的事物，以及種種確切具體的傷痛，希望的想法感覺是相對抽象的概念。可是進步有賴創造力和想像力，這始終不變。開創源於勇敢，我們要能夠預見有哪種可能，再從未知中將它召喚出來──目前尚不存在，卻是我們盼望的理想世界──有期盼，才能夠開始執行計畫，最終達到目標。

我們無法確切預知未來，但我認為務必要記得，面對憂慮我們並非束手無策。我們有能力刻意創造改變，對變動做出適當回應，而非被動反應，我們可以抱持希望而非恐懼來行動，把理智與憤怒相結合，只不過我們需要一再重新感受未來的可能性。

當我是第一夫人時，每次我感到壓力越來越大，或憤世嫉俗的心態開始作祟，我一定會去參訪學校，或邀請一群孩子到白宮作客，這會立即讓我恢復客觀角度，再次釐清自己的目標。對我來說，孩子總是在提醒我們，人人都生來有愛、心胸開闊、沒有仇恨。正是為了孩子，我們成年人才能保持刀槍不入，不斷努力清除路障。當你開始覺得心情低落或灰心時，有什麼作法、人物或經驗，可以提醒你世間的美好？

我身為非裔第一夫人，儘管是「異類」，又必須協助世人適應以及習慣我，同時我自己也要適應和習慣這個角色。可是我的目標向來是，以愉快的心情做嚴肅的工作，以向人們示範堅持高尚回應帶來的各種可能。你的生活中，有什麼地方能讓你愉快地做嚴肅的工作？你是否已有一些方法，可以把快樂帶到工作中？

高尚回應是學習趕走毒藥，留下力量。那代表當資源有限但可以再生時，你必須善用精力，並清楚自己的信念。我們一生當中，不斷填滿和掏空自己的口袋，重複賺取、儲存和花用的循環。

賺取

什麼能給你精力？

儲存 你如何保存精力和時間?

花用 你選擇把有限的時間和精力導向什麼事物?

習慣追蹤表 | 實踐高尚回應，在許多方面都與習慣有關，或至少是由習慣推動的。長時間重複持續有意義的行動，是努力邁向重要而崇高的目標最確定能成功的方式，而把需要採取的步驟變成習慣，

1	在回應之前先暫停，做出高尚而非低劣的回應：	○○○○○○○○○○
2	認同有某種情緒，但不做直覺反應：	○○○○○○○○○○
3	利用寫作澄清自己的想法和目標：	○○○○○○○○○○
4	花時間做能夠恢復精力的滋養活動：	○○○○○○○○○○
5		○○○○○○○○○○
6		○○○○○○○○○○
7		○○○○○○○○○○
8		○○○○○○○○○○
9		○○○○○○○○○○
10		○○○○○○○○○○
11		○○○○○○○○○○
12		○○○○○○○○○○

可以讓你做到很多事，甚至超越原本的期待。除了我分享的有助於保持穩定的工具之外，請寫下能使你在達成大目標的路上，順利前進的獨特習慣：

經常有年輕人會問我同一類問題，他們覺得既充滿衝勁卻缺乏耐性，受夠了荒唐的現狀。他們的問題直指行動主義、抵抗體制和廣義改變的本質：我們要如何拿捏遵守規定與抵抗體制的那條線？我們是要摧毀現有制度，還是設法耐心地從內部進行改革？我們是留在社會邊緣還是加入主流，才能更有效地推動改變？何謂真正的勇敢？修養何時成了不作為的藉口？

這些問題並不新奇，以前也有過類似的論辯，每個世代都會再次發現相同的疑問，而答案並不簡單。這就是為何這類辯論歷久彌新的原因，問題卻始終沒有標準答案。也因此你若有幸活得夠久，你的兒孫有一天會滿腔熱情又沮喪不耐，一心想要挑戰現狀，思考著你曾力圖為他們拓展的邊界，再度提出一模一樣的問題。

那高尚回應呢？我們還能高尚回應嗎？我們應該繼續高尚回應嗎？面對我們所處世界中的一切嚴酷、無情、痛苦與憤怒，高尚回應真的有用嗎？在人生困頓時，誠信對我們有何用處？

我理解這些問題伴隨著所有赤裸裸的感受：憤怒、失望、傷痛、恐慌，這些都是人之常情。但別忘了，這些感受一下子就能讓我們

陷入泥淖。

我想要說的也一直想提醒你的是：高尚回應就是不斷向前邁進的承諾，沒有特別吸引人的魅力。只有真正行動，它才會發揮作用。

座右銘如果只是不斷掛在嘴上，當成像在電商平台上出售的產品，就永遠只是空談。我們需要有實踐精神，身體力行，甚至把沮喪和受傷都轉化成行動的力量。然後我還想說，積極任事、堅守信念、保持謙卑和同理心；講真話、善待別人、綜觀大局、了解歷史與脈絡；凡事謹慎、凡事堅韌，並且長保義憤之情。

不過最重要的是，別忘記身體力行。

我會持續回答這個問題。高尚回應是否依然重要，我也會堅持相同的答案。

答案是肯定重要，永遠重要。

參考資料

1(P.34) Clayton R. Cook et al., "Positive Greetings at the Door: Evaluation of a Low-Cost, High-Yield Proactive Classroom Management Strategy," *Journal of Positive Behavior Interventions* 20, no. 3 (2018): 149-59, doi.org/10.1177/1098300717753831.

2(P.114) Daniel A. Cox, "The State of American Friendship: Change, Challenges, and Loss," June 8, 2021, Survey Center on American Life, www.americansurveycenter.org/research/ the-state-of-american-friendship-change challenges-and-loss/.

3(P.193) Daphna Motro et al., "Race and Reactions to Women's Expressions of Anger at Work: Examining the Effects of the 'Angry Black Woman' Stereotype," *Journal of Applied Psychology* 107, no. 1 (2021): 142-52, doi.org/10.1037/apl10000884

我們身上有光：屬於你的引導式筆記

作者	蜜雪兒・歐巴馬 Michelle Obama
譯者	顧淑馨
商周集團執行長	郭奕伶
商業周刊出版部	
總監	林雲
責任編輯	黃郡怡
封面&內頁	洪玉玲
出版發行	城邦文化事業股份有限公司 商業周刊
地址	115台北市南港區昆陽街16號6樓
	電話：(02)2505-6789　傳真：(02)2503-6399
讀者服務專線	(02)2510-8888
商周集團網站服務信箱	mailbox@bwnet.com.tw
劃撥帳號	50003033
戶名	英屬蓋曼群島商家庭傳媒股份有限公司城邦分公司
網站	www.businessweekly.com.tw
香港發行所	城邦（香港）出版集團有限公司
	香港九龍九龍城土瓜灣道86號順聯工業大廈6樓A室
	電話：(852) 2508-6231　傳真：(852) 2578-9337
	E-mail：hkcite@biznetvigator.com
製版印刷	中原造像股份有限公司
總經銷	聯合發行股份有限公司 電話：(02) 2917-8022
初版1刷	2025年4月
定價	350元
ISBN	978-626-7678-20-6（平裝）
EISBN	9786267678183（PDF）／9786267678190（EPUB）

Overcoming: A Workbook © 2024 by Michelle Obama
Complex Chinese translation copyright © 2025 by Business Weekly, a Division of Cite Publishing Ltd
No part of this book may be used in any manner for the purposes of training artificial intelligence technologies or systems. This translation published by arrangement with Crown, an imprint of the Crown Publishing Group, a division of Penguxn Random House LLC through Andrew Nurnberg Associates International Limited.
ALL RIGHTS RESERVED

國家圖書館出版品預行編目 (CIP) 資料

我們身上有光：屬於你的引導式筆記 / 蜜雪兒 . 歐巴馬
(Michelle Obama) 著；顧淑馨譯 . -- 初版 . -- 臺北市：城邦文化
事業股份有限公司商業周刊 , 2025.04
面；公分
譯自：Overcoming : a workbook
ISBN 978-626-7678-20-6(平裝)

1.CST: 自我實現 2.CST: 生活指導

177.2　　　　　　　　　　　　　　　　　　114002996